Jonathan Heimer

Crowdfunding als Alternative zur klassischen Bankfinanzierung

Welche Möglichkeiten bieten Fintechs für KMU?

Bibliografische Information der Deutschen Nationalbibliothek:

Die Deutsche Nationalbibliothek verzeichnet diese Publikation in der Deutschen Nationalbibliografie; detaillierte bibliografische Daten sind im Internet über http://dnb.d-nb.de abrufbar.

Impressum:

Copyright © Studylab 2018

Ein Imprint der Open Publishing GmbH, München

Druck und Bindung: Books on Demand GmbH, Norderstedt, Germany

Coverbild: Open Publishing GmbH | Freepik.com | Flaticon.com | ei8htz

Inhaltsverzeichnis

Zusammenfassung

Das Ziel dieser Bachelorthesis ist die Sinnhaftigkeit des Crowdfundings im Vergleich zur klassischen Bankfinanzierung für KMU zu untersuchen. Hierfür erfolgt eine Betrachtung vier konkreter Vergleichskriterien. Zudem wird der deutsche Fintech-Markt im Bezug auf die vergangene Entwicklung des Marktvolumens analysiert. Ergebnis dessen ist, dass eine Finanzierung über Crowdfunding-Plattformen vor allem für junge Unternehmen, wie Start-Ups oder Existenzgründer von Vorteil sein kann. Mittlere Unternehmen können hingegen ihre Eigenkapitalstruktur optimieren, um somit bessere Darlehenskonditionen bei einem klassischen Kreditinstitut zu erhalten. Ferner wird deutlich, dass der deutsche Fintech-Markt mit einer hohen Wahrscheinlichkeit künftig weiterhin rasant wachsen wird und Fintechs somit weitere Marktanteile generieren können.

Abbildungsverzeichnis

1 Einleitung

1.1 Problem- und Zielstellung

Was im Jahre 1989 als unterstützendes Forschungsinstrument für Wissenschaftler und Universitäten im Kernforschungszentrum CERN in Genf startete, ist heute als fester Bestandteil in unserem Alltag integriert – das World Wide Web.[1] Es stellt ein weltweites, heterogenes Computernetzwerk dar, dessen Dienste in nahezu sämtlichen Bereichen des privaten und beruflichen Lebens verankert sind.

Die enge Vernetzung ermöglicht eine schnelle Kommunikation und verstärkt infolgedessen den rasanten technischen Fortschritt, ergo auch das Innovationspotential. Der Wandel und das Bedürfnis der Menschen aus der Offline-Welt auszubrechen, omnipräsent und vernetzt zu sein, bringt branchenübergreifende Wandel mit sich – so auch im Finanzsektor.[2]

Sogenannte Fintechs – junge Unternehmen, die innovative Technologien oftmals über das Internet mit Finanzdienstleistungen verbinden, sind seit einigen Jahren daran die Finanzindustrie zu revolutionieren.[3]

Der Fintech-Markt ist ein dynamisches und schnelllebiges Umfeld, in dem immer mehr Start-Ups mit neuartigen und innovativen Geschäftsmodellen auftreten.[4] Allerdings ist auch hier zu beobachten, dass viele Fintechs bereits nach kurzer Zeit scheitern, ähnlich wie in anderen Branchen.[5]

Geschäftsfelder wie Zahlungsverkehr, Retail-Banking oder auch die Kreditvergabe wollen die jungen Unternehmen disruptiv verändern.[6] Dabei wurden in fast allen Fintech-Segmenten in den vergangenen Jahren äußerst hohe Wachstumsraten erzielt. Die höchsten Marktvolumen-Wachstumsraten verzeichnete das Teilsegment Robo Advice. Darüber hinaus wuchsen auch die Bereiche Social Trading sowie Crowdfunding mit jährlichen Wachstumsraten im dreistelligen Bereich.[7]

---

[1] Vgl. CERN (2013).
[2] Vgl. Strauss, C. & Brüggemeier, C. (2013).
[3] Tiberius, V. (2017): S. 12.
[4] Tiberius, V. (2017): S. 2.
[5] Dorfleitner, G. & Hornuf, L. (2016): S. 1.
[6] Tiberius, V. (2017): S. 2.
[7] Dorfleitner, G. & Hornuf, L. (2016): S. i.

Mit dem zunehmenden Einfluss der Fintechs am Finanzmarkt können diese im Segment Crowdfunding nach Meinung des Autors unter anderem dabei helfen die Finanzierungslücken kleiner und mittlerer Unternehmen (KMU) zu schließen. Gerade für diese ist es seit den Basel-III-Bestimmungen zunehmend schwieriger, ausreichende Finanzierungen für Investition und Wachstum zu erhalten, da Banken Kredite deutlich restriktiver vergeben und sich die klassische Kreditvergabe über eine Hausbank für KMU insgesamt verteuert hat.[8]

Allgemein basiert das Konzept des Crowdfundings auf der Idee, von einer Menge an Privatinvestoren, der „Crowd", finanzielle Mittel für Projekte einzusammeln.[9] Diese Form der Mittelbeschaffung ist dem Grunde nach keine neue Idee. So wurde unter anderem Geld von einer breiten Masse an Personen gesammelt, um den Sockel für die Errichtung der amerikanischen Freiheitsstatue im Jahr 1785 zu finanzieren.[10]

Belleflame et al. definieren den Begriff des Crowdfundings als einen öffentlichen Aufruf für die Bereitstellung finanzieller Ressourcen. Dies geschieht oftmals über das Internet - in Form von Spenden, im Austausch gegen das zukünftige Produkt oder einer anderen Art der Belohnung für die Investierenden.[11]

Meist sind beim Crowdfunding drei Parteien beteiligt: das kapitalsuchende Unternehmen, die potentiellen Geldgeber (Crowd) und die Plattform als Vermittler zwischen den diesen beiden.[12]

Die erste Plattform dieser Art war die US-amerikanische Seite ArtistShare im Jahr 2000.[13] Sechs Jahre später entstanden unter anderem in der Schweiz, England und in den Niederlanden die ersten europäischen Crowdinvesting-Plattformen.[14] Deutsche Vertreter, welche beide 2010 starteten, sind die Plattformen Startnext (startnext.de) und mySherpas (inzwischen nicht mehr aktiv). Seit dem entwickelt sich der deutsche Crwodfunding-Markt sehr dynamisch.

---

[8] Schindele, A. & Szczesny, A. (2015): S. 222.

[9] Beck, R. (2014): S. 15.

[10] Kortleben, H. (2016): S. 23.

[11] Belleflamme, P. et al. (2013): S. 7.

[12] Beck, R. (2014): S. 69 ff..

[13] Harzer, A. (2013): S. 56.

[14] Beck, R. (2014): S. 31.

Ziel dieser Arbeit ist es, einen Überblick über die Volumina des deutschen Fintech-Marktes zu geben. Des Weiteren werden dessen jüngste Entwicklungen untersucht und die einzelnen Segmente näher betrachtet. Dies soll den Leser zur vergleichenden Untersuchung hinführen, ob eine Finanzierung durch Crowdfunding eine Alternative zur klassischen Bankfinanzierung für KMU darstellen kann.

Ein Problem, welches bei der Bearbeitung dieser Thesis auftauchen könnte, ist die Tatsache, dass die Themenfelder Fintech und im Speziellen Crowdfunding noch recht junge darstellen und daher vergleichsweise wenig Fachliteratur vorhanden ist. Darüber hinaus wird ein Vergleich zwischen Crowdfunding und Bankfinanzierung dadurch erschwert, dass in diesem Zusammenhang eine Vielzahl von Kriterien miteinander verglichen werden müssen. Ebenfalls könnten Merkmale, die für vergleichbar erachtet werden, zwischen verschiedenen Kreditinstituten stark variieren, wie beispielsweise erforderliche einzureichende Unterlagen seitens des Kreditnehmers bei der Bank oder die Bearbeitungsdauer von Kreditanträgen von Unternehmen unterschiedlicher Größe und Branche.

1.2 Herangehensweise

Für die Untersuchung des Fintech-Marktes in Deutschland werden zunächst der Begriff Fintech und die dafür einzelnen relevanten Segmente definiert.

Anfang 2016 wurden in Deutschland insgesamt 433 Fintech-Unternehmen identifiziert, welche ihre Produkte und Dienstleistungen in Deutschland anbieten. Hernach bildet der deutsche Fintech-Markt in Europa den zweitgrößten Markt nach Großbritannien ab.[15] Wenngleich der internationale Bezug wiederholt hergestellt wird, richtet sich der Inhalt dieser Arbeit bewusst auf den deutschsprachigen Raum.

Ferner wird, um einen Vergleich herstellen zu können, das klassische Bankensystem in Deutschland näher betrachtet. Somit sollen Anhaltspunkte ausfindig gemacht werden, die sich für einen Vergleich von Fintech-Finanzierung und der klassischen Bankfinanzierung eignen. Dem vorab werden die Historie sowie die Entwicklung der Finanzindustrie und des Geldes aufgearbeitet.

Abschließend wird ein Fazit gezogen, ob eine Finanzierung im Vergleich zur bisher üblichen Bankfinanzierung über Fintechs für KMU vorteilhaft ist.

---

[15] Haddad, C. & Hornuf, L. (2016a): S. 16.

2 Theoretische Abgrenzungen

Im folgenden zweiten Kapital dieser Arbeit sollen theoretische Abgrenzungen und Rahmenbedingungen für die weitere Bearbeitung getroffen werden. Zudem werden Definitionen für die Auffassung und Auslegung bestimmter Fachtermini sowie für die Bearbeitung des Themas als irrelevante eingestufte Aspekte, identifiziert.

2.1 Bankenindustrie

Das Bankengewerbe ist ein Gewerbe mit einer langen Historie, so auch in Deutschland. In dieser Arbeit wird jedoch davon abgesehen, die Geschichte des deutschen Bankwesens im Speziellen genauer zu betrachten. Vielmehr wird auf die allgemeine Entwicklung des Finanzwesens eingegangen. Die Aufarbeitung der Historie dessen orientiert sich dabei an der Entwicklung des Geldes, welche in Kapitel 3.1 genauer beleuchtet wird. Diese Art der Aufarbeitung wurde gewählt, da sich nach Ansicht des Autors mit einer Veränderung des Geldes, ex post betrachtet, oftmals auch das jeweilige Finanzwesen veränderte.

Das Bankensystem, wie es heute bekannt ist, wird in Kapitel 3.2 dahingehend beschrieben, welche Arten von Banksystemen es international gibt, inwiefern sie sich unterscheiden und welche volkswirtschaftlichen Aufgaben Banken in einer Volkswirtschaft in der Regel übernehmen. Des Weiteren werden die Organisationseinheiten kurz näher erläutert, welche essentiell für die Gesamtheit eines Finanzwesens in einer Volkswirtschaft sind. Legale Aspekte im Finanzmarkt werden in dieser Arbeit nicht weiter berücksichtigt, da die speziellen rechtlichen Anforderungen keinen wesentlichen Bestandteil für diese Arbeit abbilden.

Zum Ende des dritten Kapitels wird die Transformation beschrieben, welche den Finanz- und Bankenmarkt aus Sicht des Autors derzeit spürbar verändert. Technische Details werden hierfür nicht weiter betrachtet, da für diese Arbeit vielmehr mögliche Entwicklungen, neue Akteure und Trends von größerer Relevanz sind.

2.2 Fintech

Um zum noch jungen Phänomen Fintech finden zu können, beginnt diese Arbeit damit die Geschichte und die Entwicklungen des Bankenwesens aufzuarbeiten und zu prüfen, ob die Finanzwelt vor einem disruptiven Wandel steht. Diese Einführung in den Finanzmarkt im Allgemeinen (Kapitel 3.2) soll dem Leser einen detaillierten Einblick in den deutschen Fintech-Markt im Speziellen (Kapitel 4.2) eröffnen. Dabei soll eine mögliche Definition des Begriffes Fintech gefunden und das Volumen dieses Marktes beziffert werden. Fortführend werden einzelne Fintech-Segmente und deren Geschäftsmodell dem Leser näher gebracht.

Eine einheitliche Definition des Begriffes Fintech gibt es bislang nicht. Im folgenden Abschnitt wird daher anhand bereits existierender, wissenschaftlicher Literatur eine mögliche Begriffsbestimmung vorgenommen. Zudem wird im Rahmen dieser Arbeit der deutsche Fintech-Markt genauer betrachtet. Dies soll dem Verständnis des Lesers und der Hinführung zur Thematik dienen. Die Betrachtung des deutschen Fintech-Marktes und dessen Unterlegung mit konkreten Zahlen stützt sich auf den Abschlussbericht von Prof. Dr. Gregor Dorfleitner und Jun.-Prof. Dr. Lars Hornuf, welche diesen Markt im Auftrag des Bundesfinanzministeriums über mehrere Jahre detailliert untersuchten.

Die Geschäftsmodelle verschiedener Fintechs werden dem Leser in dieser Arbeit nur kurz erläutert, um ein notwendiges Grundverständnis dafür zu erhalten. Der Schwerpunkt der Aufarbeitung des Fintech-Marktes liegt in der Entwicklung der jeweiligen Marktvolumina bzw. Transaktionsgrößen.

Das Wort Fintech ist eine Kurzform der Wörter *Financial Services* und *Technology* und beschreibt gemeinhin Unternehmen, die mit Hilfe technologiebasierter Systeme spezifizierte und kundenfreundliche Finanzdienstleistungen offerieren oder als Drittanbieter vermitteln.[16] Unternehmen, die dies tun, werden als sogenannte „*Fintechs*" bezeichnet. Weiterhin bezieht sich die Definition auf Unternehmen, welche nur die Technologie, wie beispielsweise Software-Lösungen für Finanzdienstleister, zur Verfügung stellen.[17] Sie folgen dem Trend der Digitalisierung und treiben den digitalen Fortschritt am Finanzmarkt voran. Dabei ergänzen sie das Angebot von traditionellen Finanzdienstleistern wie Banken, Versicherungen und Wertpapierdienstleistern, treten allerdings nach Ansicht des Autors auch auf vielen Geschäftsbereichen in Konkurrenz mit ihnen.

Eine Legaldefinition für den Begriff Fintech festzulegen, ist kaum möglich, da aufgrund der Komplexität und Vielfalt der angebotenen Produkte und Dienstleistungen die verschiedenen Fintech-Unternehmen unterschiedlichen Rechtsnormen unterliegen. Beispielhaft hierfür sind Crowdinvesting-Plattformen, welche stille

---

[16] Vgl. BaFin (2016a)
[17] Dorfleitner, G. & Hornuf, L. (2016a): S. 4.

Beteiligungen oder partiarische Darlehen zur Unternehmensfinanzierung anbieten. Deren Geschäftsmodell (z.B. Companisto und Seedmatch) fällt in den Anwendungsbereich des Vermögensanlagegesetztes. Verkaufen diese Emittenten jedoch Aktien, wie bspw. beim Crowdinvesting, so gilt für sie das Wertpapierhandelsgesetz (z.B. früheres Geschäftsmodell Bergfürst).[18]

Darüber hinaus ist es nicht plausibel, eine abschließende Definition für Fintechs abzuleiten, da einige Merkmale zwar auf einen großen Teil der Unternehmen aus der Fintech-Branche zutreffen, bestimmte Untergruppen nach der Auffassung des Autors nicht treffend damit beschrieben werden.

Aus diesen Gründen wird davon abgesehen eine geschlossene oder eine legale Definition vorzunehmen. Vielmehr wird eine klare Kategorisierung anhand der verschiedenen Segmente der Fintech-Branche erfasst, um somit die Vielseitigkeit dieses Marktes zu verdeutlichen. Diese Segmentierung und Beschreibung der jeweiligen Geschäftätigkeit findet sich in den Kapiteln 4.1 und 4.2 wieder. Allerdings ist sie bei weitem nicht abschließend, da nur Segmente genauer betrachtet werden sollen, welche eine gewisse Relevanz und Nähe zum Thema dieser Arbeit bieten. Fintechs zum Beispiel aus den Bereichen Versicherungen und Suchmaschinen werden nicht weiter beschrieben. Das Geschäftsmodell des Crowdfundings erhält ein eigenes Kapitel (Kapitel 4.3), da das Verständnis und die verschiedenen Arten des Crowdfundings essentiell für den wissenschaftlichen Wert dieser Arbeit sind.

Die Herausarbeitung des rechtlichen Rahmens und mögliche Unterschiede zwischen den einzelnen Fintechs in dieser Hinsicht werden in dieser Arbeit bewusst nicht erörtert.

2.3 Klassische Bankfinanzierung für KMU in Deutschland

Die klassische Bankfinanzierung ist neben der Finanzierung aus internen Mitteln für eine Vielzahl deutscher Unternehmen die wichtigste Finanzquelle und wird in Kapitel 5.1 genauer betrachtet. Ebenfalls beschreibt der Autor in diesem Kapitel derzeitige externe Einflüsse auf den deutschen Kreditmarkt, wie die Basel-III-Bestimmungen sowie interne Einflüsse und Entwicklungen, z.B. die Kredit-Ratings der Unternehmen, welche einen fundamentalen Aspekt in der Kreditent-

---

[18] Dorfleitner, G. & Hornuf, L. (2016a): S. 5.

scheidung von Banken spielen. Weitere externe Einflüsse wie die expansive Geldpolitik der Europäischen Zentralbank werden nur erwähnt, allerdings nicht weiter ausgeführt, da sie einen temporären Zustand widerspiegeln, währenddessen die Basel-III-Bestimmungen hingegen eine langfristige Regulierung darstellen.

Des Weiteren wird zur Stützung der Argumentation eine Unternehmensbefragung der KfW Bankengruppe aus dem Jahr 2017 herbeigezogen, welche aus Sicht des Verfassers das aktuelle Finanzierungsklima in Unternehmen jedweder Größe, Rechtsform oder Branche in Deutschland abbildet. Ferner wird die Finanzierung von deutschen KMU genauer betrachtet. Hierbei werden neben der klassischen Bankfinanzierung weitere Finanzierungsmöglichkeiten beschrieben sowie eine kurze Pro – Contra Betrachtung der jeweiligen Alternativen vorgenommen.

Dies sowie die Vermittlung von Informationen über den deutschen Fintech-Markt und seine Teilsegmente in den Kapiteln 4.1 bis 4.4, sollen eine einleitende Rolle übernehmen, um den Leser auf den abschließenden Teil dieser Arbeit vorzubereiten: dem Vergleich vom sogenannten Crowdfunding als Finanzierungsalternative zur klassischen Bankfinanzierung für KMU in Deutschland.

Final wird im letzten Teil dieser Arbeit resümiert, ob Crowdfunding eine mögliche Finanzierungsalternative für deutsche KMU sein kann und warum bzw. welche Gründe dagegen sprechen.

3 Bankenindustrie

Im folgenden Kapitel werden die Funktionen und die Historie des Geldes betrachtet. Darüber hinaus wird für einen abschließenden Vergleich zwischen Crowdfunding und der klassischen Bankfinanzierung als Alternative für KMU das deutsche Bankensystem im Speziellen beschrieben und wie es sich in jüngster Vergangenheit auf Grund der Zunahme der Informationstechnologie (IT) zunehmend transformiert.

3.1 Evolution und Funktionen des Geldes

Das Geld ist ein allgemein akzeptiertes Tausch- und Zahlungsmittel mit einer äußerst langen Historie. Der Begriff „Geld" stammt aus dem althochdeutschen *gelt*, was Vergeltung, Vergütung oder Wert bedeutet.[19] Es begegnet uns überall im alltäglichen Leben, wenn die Rede vom „Geld verdienen", „Geld ausgeben" oder „Geld leihen" ist. Geld bezeichnet somit Einkommen, Zahlungsmittel, Vermögen, Kredite und weiteres. Die unterschiedliche Verwendung des Begriffes ist gleichzeitig Ausdruck seiner universalen Rolle, die es im Wirtschaftsbereich spielt.[20]

Moderne Volkswirtschaften, wie sie heute anzutreffen sind, zeichnen sich durch einen hohen Grad der Arbeitsteilung und Spezialisierung aus, da nicht jede Volkswirtschaft jede Ware selbst herstellen kann. Dies kann unter anderem folgende Gründe haben: Mangel an entsprechenden Ressourcen, fehlender technischer Fortschritt einer Nation, fehlendes Fachwissen zur Produktion und weitere.[21] Dies hat zur Konsequenz, dass Güter, d.h. Waren und Dienstleistungen, permanent miteinander getauscht werden müssen. Ohne das Vorhandensein von Geld wären Volkswirtschaften demnach gezwungen, die Güter direkt miteinander zu tauschen. In einer reinen Tauschwirtschaft besteht die Schwierigkeit darin, den Tauschpartner zu finden, der das Gut anbietet, welches selbst gesucht wird und der gleichzeitig das Gut benötigt, welches selbst angeboten wird. Das Suchen nach entsprechenden Tauschpartnern ist daher enorm aufwendig und es entstehen gegebenenfalls lange Tauschketten. Zudem erschwert die Austauschrelation eines

---

[19] Vgl. Duden Geld (2017).
[20] Deutsche Bundesbank (2015a): S. 8.
[21] Vgl. o.V. (2016).

jeden Gutes zu einem anderen Gut den Handel. Das Wirtschaftsleben in einer reinen Tauschwirtschaft ist daher kompliziert und der Handel äußerst träge.[22]

Um genau diese Komplikationen zu beseitigen, kamen die Menschen bereits frühzeitig auf den Gedanken, nicht mehr Ware gegen Ware zu tauschen, sondern etwas dazwischen zu schalten: das Geld. Der einfache Tausch wurde somit abgelöst und es folgte künftig ein doppelter Tausch: Ware gegen Geld und Geld gegen Ware. Das Zwischenmittel erleichterte den Handel enorm und ermöglichte das zeitliche und örtliche Auseinanderliegen von Kauf und Verkauf.[23]

Der Nutzen des Geldes zeigt sich in den ausschlaggebenden Funktionen, die dem Geld zugeordnet werden und ist in *Abb. 1 Funktionen des Geldes* zusammengefasst. Zur Erfüllung dieser Funktionen muss der Gegenstand, welchem die Rolle des Geldes zugesprochen wird, wertbeständig, allgemein akzeptiert und gut teilbar sein.[24]

Die drei Funktionen, die das Geld abbildet, sind im Allgemeinen: Geld als Tausch- und Zahlungsmittel, Geld als Recheneinheit und Geld als Wertaufbewahrungsmittel[25], auf diese im Folgenden genauer eingegangen wird.

Geld als Tausch- und Zahlungsmittel

Geld wurde entwickelt, um den Handel von Gütern zu vereinfachen und ist demnach primär ein Tauschmittel. Darüber hinaus wird es auch zur Durchführung von einfachen Finanztransaktionen verwendet, wie der Kreditgewährung oder Schuldbegleichung. In diesem Fall wird von der Geldfunktion als Zahlungsmittel gesprochen. Um dieser Funktion gerecht zu werden, ist Voraussetzung die allgemeine Akzeptanz für die jeweilige Form des Geldes.[26]

Geld als Recheneinheit

Aufgrund dessen, dass Geld als eine einheitliche Einheit verwendet wird, erlaubt es eine Vergleichbarkeit von Güter- und Vermögenswerten, da sie in einer allgemeinen Bezugsgröße ausgedrückt werden. Daher dient es als Wertmaßstab bzw. als eine Recheneinheit. Hernach kann darauf verzichtet werden die zahllosen Aus-

---

[22] Vgl. North, M. (1994).

[23] Deutsche Bundesbank (2015a): S. 9.

[24] Deutsche Bundesbank (2015a): S. 10.

[25] Vgl. Budzinski, O. (2016).

[26] Deutsche Bundesbank (2015a): S. 11.

tauschrelationen aller Güter untereinander zu bestimmen. Voraussetzung für diese Funktion ist die ausreichende Teilbarkeit des Geldes.[27]

Geld als Wertaufbewahrungsmittel

Die Möglichkeit, dass Kauf und Verkauf zeitlich sowie örtlich auseinanderliegen können, wurde bereits angedeutet und ist durch die Wertaufbewahrungsfunktion des Geldes möglich. Demnach müssen die Waren nicht mehr direkt getauscht werden, da sich ein gewisser Wert in Geld speichern und zu einem späteren Zeitpunkt eintauschen lässt. Voraussetzung hierfür ist jedoch, dass das Material und dessen Wert aus dem das Geld besteht, beständig ist. Diese Funktion findet vor allem beim Sparen Anwendung. Hierbei wird darauf verzichtet, Geld zu konsumieren und separat gelagert, zum Beispiel bei einer Bank. Mit der Zeit bilden sich somit Reserven, über die zu einem späteren Zeitpunkt verfügt werden kann.[28]

Was in einer Wirtschaft als Geld fungiert, veränderte und entwickelte sich im Laufe der Geschichte oft. Die einfachste Geldform ist das Waren- oder auch Naturalgeld. Hierzu zählen zum Beispiel Schneckenhäuser, Felle, Vieh oder anderes.[29] Aus dem Wort *pecus*, zu Deutsch *Vieh*, wurde das lateinische Wort für Geld *pecunia* abgeleitet.

Mit einem Loch versehene Steinscheiben in unterschiedlichen Größen gelten auch heute auf der pazifischen Insel Yap noch als Zahlungsmittel – das Steingeld.[30]

Im Verlauf der Zeit erlangten jedoch Edelmetalle wie Gold, Silber oder Bronze die Funktion des Geldes. Diese eignen sich, da sie relativ knapp in ihrer Menge, lange haltbar und leicht teilbar sind. Des Weiteren wurde mit dem Metallgeld dem Problem der Verderblichkeit einiger Naturalgelder entgegengewirkt.[31] Heutzutage wird Geld vor allem mit Münzen und Banknoten oder dem nicht physisch sichtbaren Giralgeld assoziiert.

Dennoch kommen Menschen in bestimmten Situationen auf Warengelder zurück. So unter anderem, wenn das Vertrauen in die offizielle Währung verloren gegangen ist. Beispielhaft hierfür ist Deutschland nach dem zweiten Weltkrieg zu nen-

---

27 Vgl. Budzinski, O. (2016a).
28 Vgl. Deutsche Bundesbank (2015a): S. 11.
29 Vgl. Budzinski, O. (2016b).
30 Lingenfelter, S. (1975): S. 56.
31 Deutsche Bundesbank (2015a): S. 12.

nen. Während dieser Zeit wurden auf den Schwarzmärkten hauptsächlich Zigaretten, statt der wertlos gewordenen deutschen Reichsmark temporär als Zahlungsmittel verwendet.[32] Mit der Währungsreform und Einführung der D-Mark im Jahr 1948 verschwand der Schwarzmarkt wieder und mithin auch die Zigarette als Währung.[33]

Warengeld wie Silber oder Gold sind leichter als Geld zu verwenden, wenn sie in genormten, einheitlichen Stücken in Umlauf gebracht werden, anstatt wie früher üblich Barren oder Metallklumpen abzuwiegen. Setzt eine befugte Autorität Regelungen für einheitliche Metallstücke auf, stellt sie nach diesen her und beurkundet sie mittels eines Bildmotives, ist eine Münze, wie wir sie heute kennen, entstanden. Aus dem Königreich Lydien (im heutigen Westen der Türkei) im 7. Jahrhundert v. Chr. stammen die ältesten Münzen. Dort wurden Metallklümpchen mit einer Prägung entdeckt.[34] Im Laufe der Zeit wurden diese Klümpchen flacher, breiter und zunehmend besser gerundet.

Die Idee der geprägten und genormten Münzen verbreitete sich weltweit schnell und so zeigten die ersten Exemplare Symbole aus Natur oder Mythologie.[35]

Münzgesetze legten fest, dass der auf der Münze ausgeschriebene Wert höher sein musste, als der Wert des enthaltenen Edelmetalls. Somit wurde verhindert, dass die Münzen als Rohstoffe wieder eingeschmolzen wurden. Sie waren ein großer Fortschritt für den Handel von verschiedenen Gütern, dennoch entstanden Komplikationen mit wachsendem Transaktionsvolumen, da zu viele benötigt wurden. Eine weitere Ergänzung musste daher gefunden werden.[36]

Diese sollte in Form von papiernen Geldzeichen hervorgebracht werden. Sie haben im Vergleich zu metallenen Münzen aus Gold oder Silber selbst kaum einen Warenwert. Jedoch lassen sich somit größere Geldbeträge leichter, sicherer und in Konsequenz auch billiger transportieren.

Das älteste Papiergeld erfanden vor über eintausend Jahren chinesische Staatsbehörden, dessen Kaufkraft erhielt das Geld allerdings nur durch kaiserlichen Er-

---

32 Boelcke, W. (1986): S. 106.
33 Vgl. bpb Währungsreformen (2013).
34 Kaenel, H. (2007): S. 10.
35 Deutsche Bundesbank (2015a): S. 13.
36 Deutsche Bundesbank (2015a): S. 14.

lass.[37] Staatspapiergeld, wie es sich inzwischen in China etabliert hatte, konnte sich in Europa trotz zahlreicher Versuche nicht dauerhaft durchsetzen. Es hatte indes selbst keinen Warenwert, sondern beruhte allein auf der Macht und Glaubwürdigkeit des Staates.

Erst seit dem 17. Jahrhundert breiteten sich von privaten Banken ausgegebene Banknoten im europäischen Raum aus. Als erste Notenbank in Europa gilt die schwedische „Stockholms Banco", die aufgrund eines Silbermangels ab 1644 Kupferplatten als Geld prägten, die bis zu 20 Kilogramm schwer waren. Da diese äußerst unpraktisch im Gebrauch waren, konnten sie in der Stockholms Banco hinterlegt werden. Im Gegenzug stellte die Bank einen „Credityf-Zedel" aus, welcher bei Vorlage jederzeit wieder in Metallgeld eingetauscht werden konnte. Diese „Zettel" gelten daher als die ersten europäischen Banknoten.[38]

Erst dieses Prinzip setzte sich in Europa im 19. Jahrhundert durch und wurde zur Grundlage des Notenbankwesens. Im Gegenzug zur Ausgabe von Banknoten, kauften Notenbanken Gold und Silber an. Diese Note konnte dann jederzeit wieder eingelöst werden und der Inhaber erhielt den Betrag der Note in Edelmetall ausgezahlt. Sie konnten genau so leicht wie Münzen im Wirtschaftskreis umlaufen, erleichterten gleichwohl den Umgang mit größeren Transaktionsvolumen enorm.[39]

Parallel zum Papiergeld entwickelte sich in den großen Handelsstädten Norditaliens, aber auch in Nürnberg, Hamburg und Amsterdam das Buch- bzw. Giralgeld. Dieses ist Geld, welches nur in den Kontobüchern der Banken aufgezeichnet ist. Kaufleute konnten demnach Konten bei sogenannten Girobanken eröffnen, um Guthaben von Konto zu Konto bewegen. Diese Form des Geldes hat sich bis heute durchgesetzt, inzwischen allerdings in elektronischer Form und nicht mehr mittels physischer Kontobücher.[40] Banknoten und Münzen spiegeln heute nur noch einen geringen Teil des gesamten umlaufenden Geldes wider.[41]

Als Grundlage des Geldes steht damals wie heute Vertrauen. Nur, wenn sich alle Geldbesitzer darauf verlassen können, dass dessen Wert bestehen bleibt, wird es

---

[37] Vgl. o.V. (2015a).
[38] Deutsche Bundesbank (2015a): S. 16.
[39] Born, K. (1995): S. 22 ff. .
[40] Deutsche Bundesbank (2015a): S. 17.
[41] Vgl. Deutsche Bundesbank (2014).

allgemein akzeptiert. Bei metallenen Münzen ist der Wert des Geldes sein Warenwert in Form von Gold oder Silber. Banknoten und Buchgeld haben indes keinen oder nur einen sehr geringen Warenwert. Notwendig sind daher Geldordnungen, welche Staaten über Jahrhunderte entwickelt haben und die den Wert des Geldes sichern sollen.[42] Eine moderne Geldordnung legt das gesetzliche Zahlungsmittel fest, involviert Strafen für das Fälschen von Geld und regelt darüber hinaus die Buchgeldschöpfung der Banken. Die Kontrolle des Geldumlaufes und die Wertstabilität des Geldes zu gewährleisten, wird heutzutage politisch unabhängigen Zentralbanken übertragen.[43]

3.2 Funktionen und Typen von Banksystemen

Mit der Evolution des Geldes ist aus Sicht des Autors oftmals auch eine Weiterentwicklung von Banksystemen einhergehend. Erste Vorläufer der heutigen Banken reichen bis in das 2. Jahrhundert v. Chr. zurück. So begannen zu dieser Zeit erste Unternehmen im damaligen Mesopotamien Konten zu führen und Forderungen zu verrechnen.[44] In Europa gewann das Bankengewerbe erst im 13. Jahrhundert an Bedeutung. Aus dieser Zeit stammt auch der Begriff „Bank" aus dem italienischen *banco* bzw. *banca*, welcher wörtlich den Tisch der Geldwechsler bezeichnet.[45]

Aus der Historie heraus ist zu erkennen, dass Banken in einem Finanzwesen vor allem die Rolle eines Intermediäres zukommt. Sie nehmen eine Vermittlerrolle ein, indem sie Kapital von Anlegern an Kapitalnehmer weiterleiten.[46] Dabei wirken sie an vier volkswirtschaftlichen Funktionen mit:

Die *Losgrößentransformation* beschreibt den Ausgleich zwischen dem Angebot von vielen kleinen Einlagen durch Privatanleger und der Nachfrage nach großen Krediten, oftmals durch Unternehmen.

Die *Fristentransformation* gleicht hingegen Laufzeitinteressen von Gläubigern und Schuldnern aus.

---

[42] Deutsche Bundesbank (2015a): S. 18.

[43] Vgl. EZB (2017).

[44] Vgl. o.V. (2009).

[45] Vgl. Duden Bank (2017).

[46] Deutsche Bundesbank (2015a): S. 86.

Die *Risikotransformation* bringt die aufgrund der Vielzahl an Kunden entstehenden, unterschiedlichen Risikobereitschaften von Kapitalnehmern und Kapitalanlegern mittels Portfoliobildung oder Eigenkapitalhaftung in Einklang.

Die *Informationstransformation* beinhaltet, dass Banken aufgrund ihrer Marktkenntnisse über den Finanzmarkt ihren Kunden Informationen zukommen lassen können und andersherum Informationen, zum Beispiel regulierungsbedingt, an die Aufsichtsbehörden weiterleiten.[47]

Nachdem bereits die vier makroökonomischen Funktionen eines Bankensystems aufgezeigt wurden, werden im Folgenden die mikroökonomischen Aspekte genauer betrachtet. Hierzu zählt die *Zahlungsverkehrsfunktion*, bei der Banken den nationalen und internationalen Zahlungsverkehr abwickeln und darüber hinaus den Bar- und elektronischen Zahlungsverkehr sicherstellen.

Bei der *Investitionsfunktion* von Banken legen diese entgegengenommene Spareinlagen der Kunden in Wertpapiere, wie Beteiligungen, Fonds oder andere Finanzinstrumente mit dem Ziel der Gewinnmaximierung an.

Mit der *Kreditfunktion* versorgen Banken sowohl das Privatkundensegment mit Konsum- oder Hypothekarkrediten, als auch den gewerblichen Sektor mit Investitions- oder Warenfinanzierungskrediten in der Geschäftskundensparte.

Die vierte mikroökonomische Funktion von Banken besteht in der *Dienstleistungsfunktion*. Unter diese zählen die Beratung von Kunden, der Vertrieb von Finanzprodukten sowie das Risikomanagement. Inzwischen werden von Banken allerdings auch banknahe Dienstleistungen, wie Versicherungs-, Immobilien- und Reisedienstleistungen angeboten.[48]

Mithilfe dieser Funktionen übernehmen sie in einer Volkswirtschaft auch folgende Aufgaben: Geldversorgung, Zahlungsverkehr, Bereitstellung von Krediten und Exportfinanzierungen, Börsenanlagen und weitere.[49] Ferner haben sich aus den Geschäftsbanken in der Vergangenheit zwei unterschiedliche Bank-System-Typen entwickelt:

---

[47] Alt, R. & Puschmann, T. (2016): S. 12 ff..
[48] Alt, R. & Puschmann, T. (2016): S. 13 ff..
[49] Vgl. Konrad-Adenauer-Stiftung (2017).

Das *Trennbankensystem* bezeichnet die Spezialisierung einzelner Banken auf bestimmte Finanzdienstleistungen. Diesem System hat sich insbesondere der US-amerikanische Markt angenommen, aus welchem sich 1999 mit dem Gramm-Leach-Bliley-Act zum Einen Investment- und zum Zweiten Privatkundenbanken (Investment und Commercial Banks) herausbildeten. Zudem folgen der britische sowie der französische Finanzmarkt diesem System.[50]

Das *Universalbankensystem* ermöglicht es Banken hingegen mit einer Vollbanklizenz sämtliche aus der Bankfunktion abgeleitete Finanzdienstleistungen anzubieten. Eine Spezialisierung ist dennoch möglich. Mit einer Banklizenz gehen umfangreiche Regulierungspflichten einher, welche zur Sicherheit des gesamten Finanzwesens beitragen sollen.[51] Vorteil von Universalbanken ist, dass sie im Vergleich zu stark spezialisierten Instituten die Risiken einzelner Geschäftsbereiche besser ausgleichen können. Diesem Modell gehen beispielsweise Deutschland, Österreich und die Schweiz nach.[52]

Als weiteres Element eines Bankensystems sind die nationalen und internationalen Zentralbanken zu nennen. Diese haben eine unterschiedliche Funktion als die Geschäftsbanken. Sie sind aufgrund ihrer Zuständigkeit für die Geldpolitik der Gewährleistung von Preisniveaustabilität verpflichtet. Ferner sind sie allein berechtigt gesetzliche Zahlungsmittel in Umlauf zu bringen.[53]

Zu den nationalen Akteuren zählen z.B. Landeszentralbanken, die deutsche Bundesbank, die Nationalbank von Österreich und der Schweiz sowie das Federal Reserve System (Fed) in den USA. Als internationale Akteure sind zu nennen: die Europäische Zentralbank (EZB), die Bank für Internationalen Zahlungsausgleich (BIZ), der internationale Währungsfonds (IWF) und die Weltbank.[54]

Zusammenfassend bezeichnet ein Bankensystem die Gesamtheit aller zur Organisation der Geldgeschäfte notwendigen Elemente in einer Volkswirtschaft.[55] Diesem sind öffentliche, private, aber auch für die Regulierung verantwortliche Akteure zuzuordnen. Zu letzteren zählen bspw. die Bundesanstalt für Finanzdienst-

---

[50] Alt, R. & Puschmann, T. (2016): S. 10.
[51] Vgl. BaFin (2016d).
[52] Alt, R. & Puschmann, T. (2016): S. 14 .
[53] Deutsche Bundesbank (2015a): S. 88.
[54] Alt, R. & Puschmann, T. (2016): S. 10.
[55] Alt, R. & Puschmann, T. (2016): S. 11.

leistungsaufsicht (BaFin) in Deutschland, die Eidgenössische Finanzmarktaufsicht in der Schweiz (FINMA) oder die Financial Industry Regulatory Authority (FINRA) in den USA. Das Zusammenspiel der Akteure wird in *Abb. 2 Prinzipien von Bankensystemen* grafisch dargestellt.

3.3 Transformation der Bankenindustrie

Das Marktumfeld für Banken stellte lange Zeit ein vergleichsweise ruhiges und regulatorisch geschütztes Umfeld für die dort tätigen Unternehmen dar. Dies änderte sich in Vergangenheit stark und insgesamt können nach Auffassung des Autors sieben Treiber für die Transformation eines ruhigen in ein dynamisches Marktumfeld ausfindig gemacht werden.

Der Begriff der Transformation beschreibt zunächst den Prozess der Überführung von einem bestehenden in einen neuen Zustand. Bekannte Branchen, wie die Medien- oder Elektronikbranche illustrieren hierbei, dass eine solche Umwandlung auch mit Inhalts- oder Substanzverlusten in der Form, Struktur oder Gestalt einhergehen kann.[56] In der Literatur des Innovationsmanagements lassen sich eine Vielzahl von Beispielen solcher Transformationen mit Inhalts- oder Substanzverlusten nennen. So verpassten bspw. der damalige Schreibmaschinenhersteller Triumph Adler und der Großcomputer-Hersteller Nixdorf das Aufkommen des Personal Computers (PC). Ebenso versäumte der Videothekenbetreiber Blockbuster das Video-on-Demand-Geschäft als Beispiel der Medienbranche. Eine Vielzahl von Faktoren weist darauf hin, dass sich die heutige Bankenbranche in einem ähnlichen Transformationsprozess befindet, welcher sich konkret anhand von sieben Aspekten verdeutlichen lässt.[57]

Ein erster Aspekt ist die voranschreitende Konsolidierung der Banken. Demnach nimmt die Anzahl der Banken in vielen westeuropäischen Ländern sowie in Nordamerika in Vergangenheit kontinuierlich ab. In Deutschland gab es im Jahr 1990 insgesamt über 5.000 Banken[58], im Jahr 2014 lediglich circa 1.990[59]. Ein ähnlicher Trend ist auch in der Schweiz zu beobachten, in der sich in der Vergangenheit die Gesamtanzahl der Banken in den letzten 20 Jahren von 440 auf 283

---

[56] Alt, R. & Puschmann, T. (2016): S. 24.

[57] Alt, R. & Zerndt, T. (2009): S. 3-20.

[58] Kuhlke, E. (2010): S. 287.

[59] Vgl. Deutsche Bundesbank (2015b).

Banken reduzierte.[60] Unmittelbar einhergehend mit der Reduktion der Anzahl an Banken, steht die rückläufige Anzahl der Beschäftigten im Finanzsektor. So wies der deutsche Finanzsektor im Jahr 1995 circa 778.000 Mitarbeiter auf, knapp 20 Jahre später nur noch circa 640.000 Beschäftigte, welches einen relativen Rückgang von fast 18 % darstellt.[61]

Zweitens ist die zunehmende Anzahl der Wettbewerber im Bankensektor im Rahmen der Internationalisierung zu nennen. Entgegen des Konsolidierungstrends der westeuropäischen und nordamerikanischen Märkte ist insbesondere in den sogenannten „Emerging Markets" ein deutliches Wachstum der Banken zu sehen.[62] Als Emerging Markets werden aufstrebende Märkte von Schwellenländern bezeichnet, die in der Regel ein hohes Wirtschaftswachstum aufweisen. Als Beispiele können hier die Volksrepublik China, Indien oder Brasilien genannt werden.[63] Laut einer Liste der Top-25-Banken im Jahr 2005 setzte sich diese ausschließlich aus Kreditinstituten der „industrialisierten Welt" zusammen. 2012 zählten hingegen bereits 8 von den 25 weltweit größten Banken aus den Emerging Markets. Hierzu gehörten vier Banken aus China: Industrial & Commercial Bank of China, China Construction Bank, Agricultural Bank of China, Bank of China; drei Banken aus Brasilien: Itau Unibanco, Banco do Brasil, Banco Bradesco und ein russisches Institut: Sberbank. In der Konsequenz dieser Verlagerung operieren viele Banken aus den aufstrebenden Ländern auch zunehmend im Ausland. So nahm die Zahl ausländischer Banken im US-amerikanischen Bankensektor von 774 Banken im Jahr 1995 auf 1.334 im Jahr 2009 zu, wobei nahezu ein Viertel der Banken aus den aufstrebenden Ländern stammten.[64]

Als dritter Treiber der Transformation ist eine zunehmende Spezialisierung der Banken zu nennen, welche aus der Verringerung der Eigenfertigungstiefe im Zuge einer Kernkompetenzfokussierung resultiert.[65] Aber auch die Reduzierung des Produktangebotes ist ein Resultat der zunehmenden Spezialisierung von Banken.

---

[60] Schwaller, P. & Patusi, B. (2014): S. 7.

[61] Vgl. o.V. (2015b).

[62] Vgl. Reuttner, I. et al. (2012).

[63] Vgl. Klein, M. (2014).

[64] Vgl. Reuttner, I. et al. (2012).

[65] R. Alt & Puschmann, T. (2016): S. 25.

So hat bspw. die Citibank ihr Produktportfolio von mehreren 100 Produktkategorien auf 20 Kategorien heruntergesetzt.[66]

Viertens ist im Bankwesen eine zunehmende Dezentralisierung zu beobachten. Diese entwickelt sich in zwei Richtungen. Zum Einen bildet sich eine Verschiebung der Bankaktivitäten in Richtung des Kunden, durch die zunehmend stärkere Nutzung elektronischer Kanäle, ab. Eine Befragung von M. Zillmann und E. Ströbele aus dem Jahr 2012 zeigte, dass 58 % der Befragten annahmen, dass die Interaktion mit dem Kunden bereits im Jahr 2020 mehrheitlich über Online-Kanäle erfolgen würde.[67] Eine Studie von Spath et al. aus dem Jahr davor prognostizierte, dass künftig mit hohen Investitionsvolumina im Online- (58 %) und Mobile-Banking (50 %) zu rechnen sei.[68] Zum Anderen ist auch zu beobachten, dass zunehmend mehr Nicht-Banken eine bedeutende Rolle im Zahlungsverkehr spielen. Die gleiche Studie zeigte, dass 89 % der Befragten eine stärkere Rolle von Nicht-Banken im Segment Zahlungsverkehr, 67 % im Segment Sparen und 56 % im Bereich Kontoführung, erwarten.[69]

Fünftens hat die Regulierung seit dem Jahr 2007 als Konsequenz aus der eingetretenen Finanz- und Wirtschaftskrise enorm zugenommen. Banken haben zahlreichen Regulierungsansätzen zu entsprechen, wie bspw. der Einhaltung definierter Quoten der Eigenkapitalunterlegung bei der Kreditvergabe im Rahmen der Basel-III-Richtlinie. Zusätzlich können hier die Mindestanforderungen für das Risikomanagement im Zuge des MaRisk-Beschlusses genannt werden.[70] Weitere Beispiele von Regulierungsbereichen und entsprechende Beispiele sind in *Abb. 3 Bereiche der Regulierung mit Beispielen* aufgeschlüsselt. Zusätzlich erschwerend sind die verschiedenen Regulierungsansätze, vor allem für international agierende Banken, welche verschiedenen länderspezifischen Regulierungsansätzen gerecht werden müssen.

---

[66] Vgl. Riese, C. (2006).

[67] Vgl. Zillmann, M. & Ströbele, E. (2012).

[68] Vgl. Spath, D. et al. (2011).

[69] Spath, D. et al. (2011): S. 57.

[70] Alt, R. & Puschmann, T. (2016): S. 26.

In der Studie von U. Pukropski et al. aus dem Jahr 2013 wurde der jährliche Aufwand für sämtliche Regulierungsmaßnahmen aller deutschen Kreditinstitute auf circa 8,6 Milliarden EUR beziffert.[71]

Sechstens entstehen durch die Kundenorientierung neue Rahmenbedingungen für Kreditinstitute. Gemeinhin ist einerseits die Rede von der Diffusion mobiler Endgeräte, wie Smartphones und Tablet-PCs im alltäglichen Gebrauch und andererseits die Erwartungen der mit dem Internet aufgewachsenen Generation der „Digital Natives"[72] oder auch der „Generation Y". Letztere besitzt vor allem eine veränderte Beziehung zu elektronischen Geräten und Dienstleistungen, da sie nicht nur einen wichtigen Teil ihrer sozialen Kommunikation und Interaktion übernehmen, sondern darüber hinaus auch zu einem geänderten Nutzungsverhalten geführt haben. So zeigen Ingber & Jürgensen (2014), dass die Generation Y Konsum ihren Eltern gegenüber stärker erlebnisorientiert, statt besitzorientiert beschreibt. Des Weiteren sind sie elektronischen Angeboten aufgeschlossener.[73] In der Konsequenz dessen folgt eine Abnahme der persönlichen Interaktion zwischen Kunden und Bankmitarbeitern, was das zunehmende „Filialsterben" verstärkt. Demnach fand in den vergangenen Jahren in Deutschland ein Rückgang des Filialnetzes von circa 50.000 Filialen im Jahr 1990 auf nunmehr 37.700 Filialen im Jahr 2012 statt.[74] Dies untermauernd gingen in den vergangenen 15 Jahren die monatlichen Filialkontakte eines Bankkunden von drei auf etwas mehr als einen Kontakt zurück.[75] Gleichzeitig haben sowohl Banken als auch Nicht-Banken das Angebot ihrer elektronischen Dienstleistungen deutlich ausgebaut. So standen bereits im Jahr 2011 47,3 Millionen online verwaltete Konten den 47,9 Millionen offline verwalteten Konten gegenüber. Daraus lässt sich nach Meinung des Verfassers schließen, dass die Filiale damals vor allem beim Vertragsabschluss der bestimmende Kanal war, heute hingegen der Online-Kanal in nahezu allen

---

[71] Vgl. Pukropski, U. et al. (2013).

[72] Der Begriff „Digital Natives" (DN) beschreibt hierbei die Generation der nach 1980 Geborenen und beruht auf der Annahme einer Veränderung des menschlichen Gehirns aufgrund der Nutzung innovativer Technologien. Darüber hinaus sollen DN (1) verschiedene Informationen parallel verarbeiten können, (2) einen direkten statt seriell Zugriff auf Informationen bevorzugen, (3) eher in Bildern als Texten denken und arbeiten, (4) über eine höhere „Geschwindigkeit der Informationsverarbeitung" verfügen und (5) mehr als bisherige Generationen sofortige und häufige Belohnung anstreben (Alt, R. & Puschmann, T. (2016): S. 28).

[73] Ingber, L. & Jürgensen, N. (2014): S. 11.

[74] Vgl. BCG (2013).

[75] Vgl. Pickens, M. et al. (2009).

Prozessen des Vertriebes Einzug genommen hat. Viele Kunden haben beim Aufsuchen einer Filiale bereits online recherchiert, sodass Bankberater zunehmend mit spezifischen Informationsbedarfen konfrontiert werden. Der größte Vorteil der elektronischen Kanäle besteht für die Kunden darin, dass aufgrund des Wegfalls der Notwendigkeit der physischen Präsenz in der Filiale, eine höhere Interaktionsfrequenz möglich ist, da die Finanzdienstleistungen der Banken nahezu jederzeit und überall auf einem mobilen Endgerät genutzt werden können.[76]

Als siebter Aspekt schreitet die Digitalisierung in vielen Bereichen weiter voran. Im gesellschaftlichen Sinne bezeichnet sie die Diffusion sämtlicher kundenseitigen, unternehmensinternen und dienstleisterseitigen Prozesse mit Informationstechnologie (IT). Anfangs noch als Instrument zur Kostenreduktion verwendet, erkannten Banken die Möglichkeiten und Potentiale der IT für neue Geschäftsmodelle und Kundeninteraktion.[77] Ebenso bieten inzwischen eine Vielzahl an Fintechs innovative Dienstleistungen an, welche zu neuen Prozessen, Produkten und Geschäftsmodellen in der Bankenindustrie führen. Als Beispiel für solche innovativen Frontlösungen für Kunden sind Personal-Finance-Management-Systeme, Mobile-Payment-Lösungen oder tablet-basierte Applikationen für die Kundenberatung. Neue Akteure (Nicht-Banken) erkannten die Möglichkeiten dieser Lösungen deutlich eher als Banken selbst. So geht aus der Marktanalyse von mehr als 150 derartiger Anwendungen an der Kundenschnittstelle hervor, dass circa 75 % solcher Lösungen von Nicht-Banken, insbesondere IT-Unternehmen, wie Goolge und Start-Ups, wie Moven oder Fidor Bank, stammen.[78]Viele dieser Akteure kombinieren die klassischen mit neuen Ansätzen, wie z.B. Social Trading (s. Kapitel 4.3.3). Eine andere Studie aus dem Jahr 2010 von D. Seo & A. Rietsema zeigt, dass Banken die neuen Technologien möglichst schnell adaptieren und integrieren möchten.[79] Gleichzeitig ergibt sich daraus nach Einschätzung des Verfassers ein hoher Investitions- und Handlungsbedarf auf Seiten der Banken.

---

[76] Alt, R. & Puschmann, T. (2016): S. 28 ff..

[77] Alt, R. & Puschmann, T. (2016): S. 21 ff..

[78] Vgl. Banking Innovation (2016).

[79] Vgl. Seo, D. & Rietsema, A. (2010).

4 Fintech

Dieses Kapitel der Arbeit beschäftigt sich mit den sogenannten Fintech-Unternehmen, welche in Kapitel 2.2 bereits kurz definiert wurden. In Kapitel 4.1 wird eine detailliertere Definition von Fintechs anhand der Klassifizierung nach Segmenten, in denen das jeweilige Fintech-Unternehmen aktiv ist, durchgeführt. Darüber hinaus wird eine kurze Übersicht über den Fintech-Markt in Deutschland gegeben und die Aktivitäten von Fintechs in verschiedenen Segmenten des Finanzwesens kurz beschrieben.

4.1 Segmentierung deutscher Fintechs

Trotz der Vielfältigkeit der Geschäftsmodelle in der Fintech-Branche lassen sich die dort tätigen Unternehmen in vier größere Segmente aufteilen: *Finanzierung, Vermögensmanagement, Zahlungsverkehr* und *sonstige Fintechs*.[80]

Der erste Bereich der *Finanzierung* beschreibt Unternehmen, die Finanzierungen für Privatpersonen und/oder Geschäftskunden bereitstellen. Diesem untergeordnet, kann unter anderem in Fintechs unterschieden werden, welche eine Finanzierung anhand der Beteiligung einer Vielzahl von Kapitalgebern (Teilsegment *Crowdfunding*) anbieten und in Fintechs, die Kredite ohne die Teilnahme einer solchen Crowd ermöglichen (Teilsegment *Kredite und Factoring*).

Crowdfunding-Plattformen lassen sich anhand der Gegenleistung, die die Kapitalgeber (Crowd) für ihre Investition erhalten, erneut in vier weitere Teilsegmente gliedern.[81] Zunächst ist das *spendenbasierte Crowdfunding* (donation-based Crowdfunding) zu erwähnen, bei dem keine Vergütung oder Belohnung an die Investierenden gezahlt wird.[82] Hierbei steigt möglicherweise der persönliche Nutzen für den Kapitalgeber durch den Akt des Spendens allein.[83]

Beim *gegenleistungsbasierten Crowdfunding* (reward-based Crowdfunding) erhalten die Investierenden hingegen eine nichtmonetäre Gegenleistung. Dies kann z.B.

---

[80] Dorfleitner, G. & Hornuf L. (2016): S. 5.

[81] Vgl. BaFin (2014).

[82] Dorfleitner, G. & Hornuf, L. (2016): S. 6.

[83] Vgl. Andreoni, J. (1989).

der Vorverkauf eines Produktes oder die namentliche Erwähnung der Investoren im Abspann eines finanzierten Filmes sein.[84]

Die Finanzierung der Plattformen erfolgt allgemein über eine Gebühr, welche sich oftmals in einer Spanne von 5 % bis 11 % des finanzierten Betrages beläuft. Es gibt jedoch auch Plattformen, die sich ausschließlich über freiwillige Zuwendungen der Investierenden und Emittenten von Projekten finanzieren. So trägt sich die Plattform Startnext durch eine freiwillige Provision.[85]

Im dritten Teilsegment des Crowdfundings ist das *Crowdinvesting* zu nennen. Dies ist eine eigenkapital-orientierte Form der Beteiligung. Demnach beteiligen sich die Investierenden am kapitalsuchenden Unternehmen durch den Erwerb von Eigenkapital-Anteilen.[86]

Zum vierten Teilsegment, *Crowdlending*, zählen Plattformen, welche die Vergabe von Privat- und/oder Unternehmenskrediten durch die Crowd eröffnen. Die Gegenleistung für die Bereitstellung der Darlehenssumme ist ein vorab festgelegter Zinssatz.[87] Auf dem deutschen Crowdlending-Markt finanzieren sich die Marktführer über zweierlei Optionen: zunächst zahlt der Kreditnehmer einen Beitrag, der von der Laufzeit sowie seiner eigenen Bonität abhängig ist. Des Weiteren wird von den Kapitalgebern ein fixer Prozentsatz – häufig 1 % der Anlagesumme, als Gebühr erhoben.[88]

Zusätzlich existiert neben dem Teilsegment Crowdfunding der Bereich *Kredite und Factoring*. Dort tätige Fintechs vermitteln Kredite an Privatpersonen und/oder Unternehmen, ohne dabei auf eine Crowd zurückzugreifen. Vielmehr pflegen diese Fintechs Kooperationen mit einer oder mehreren Partnerbanken.[89]

Des Weiteren werden in dieser Teilsparte innovative Factoring-Lösungen angeboten, bei denen die Forderungen online versteigert werden. Die Prozesse werden

---

84 Bradford, C. (2012): S. 12.
85 Vgl. Startnext (2017).
86 Kortleben, H. (2016): S. 26.
87 Bradford, C. (2012): S. 23.
88 Vgl. Auxmoney (2017d).
89 Dorfleitner, G. & Hornuf, L. (2016): S. 36.

in der Regel von den Fintechs automatisiert. Somit ermöglichen sie für den Kreditnehmer schnelle, kostengünstige und effiziente Dienstleistungen.[90]

Das zweite große Segment *Vermögensverwaltung* zählt Fintechs, welche die Beratung, Verwaltung oder Anlage von Vermögen offerieren. Auch hier untergliedern sich Teilsegmente. Beim sogenannten *Social Trading* können die Investierenden die Anlagestrategie oder die Portfolios andere Mitglieder eines sozialen Netzwerkes einsehen, diskutieren und bei Bedarf kopieren. Vorteil dieser Anlageform ist, dass die einzelnen Anleger vom kollektiven Wissen vieler Nutzer profitieren können. Die Social-Trading-Plattform finanziert sich durch Aufschläge auf anfallende Spreads, Orderkosten oder prozentuale Gebühren vom investierten Beitrag der Nutzer.[91]

Im Teilsegment *Robo Advice* werden Portfoliomanagementsysteme verwendet, die algorithmusbasierte und meist automatisierte Anlageempfehlungen an dessen Nutzer weitergeben. Die Finanzierung dieses Geschäftsmodelles erfolgt häufig über eine Gebühr, welche anteilig von der Anlagesumme einbehalten wird.[92]

Fintechs, welche die private Finanzplanung, im Besonderen die Verwaltung und Visualisierung aggregierter Finanzdaten der Endkunden, als software- oder appbasierte Dienstleistung offerieren, werden dem *Personal Financial Management (PFM)* Segment zugeordnet. Mithilfe dieser PFM-Systeme ist es Kunden möglich, ihr bei unterschiedlichen Finanzinstitutionen hinterlegtes Vermögen in einer nutzerfreundlichen Anwendung visualisiert zu bekommen und gegebenenfalls eine Eigenanalyse durchzuführen. Für eine solche App bzw. Software fällt häufig eine monatliche bzw. jährliche Nutzungsgebühr oder ein einmaliger Betrag für die Nutzer an.[93] Um das bei unterschiedlichen Institutionen hinterlegte Vermögen für den Kunden zentral zu aggregieren, werden oftmals offene Schnittstellen von den Finanzinstitutionen mittels Application-Programming-Interface (API)-Technologie verwendet.[94]

---

[90] Dorfleitner, G. & Hornuf, L. (2016): S. 7.

[91] Dorfleitner, G. & Hornuf, L. (2016): S. 7.

[92] Vgl. Scalable Capital (2017).

[93] Dorfleitner, G. & Hornuf, L. (2016): S. 8.

[94] Dapp, T. (2015): S. 9.

Das dritte große Teilsegment thematisiert den *Zahlungsverkehr (Payment)*. Fintechs aus dieser Branche bieten Anwendungen und Dienstleistungen an, welche den nationalen sowie internationalen Zahlungsverkehr tangieren.

Mögliche Unterordnungen sind *Blockchain* und *Kryptowährung*. Fintechs, die sogenannte Kryptowährungen, anbieten, ermöglichen eine Alternative zum Fiatgeld. Ähnlich wie bei gesetzlichen Zahlungsmitteln können Kryptowährungen gehandelt, getauscht und verwahrt werden.[95] Die wohl bekannteste Kryptowährung ist Bitcoin. Diese konnte sich bisher nicht als ernsthafte Alternative zu offiziell emittierten Währungen durchsetzen, da sie ex-post betrachtet hohen Wertschwankungen unterlag. So lag der durchschnittliche Preis für eine Einheit dieser Währung, einen Bitcoin, im Oktober 2013 bei 122 USD; wenige Monate später im Dezember 2013 lag dieser bei 1.151 USD. Anfang August 2017 betrug der Preis für einen Bitcoin 3.407 USD (Stand 07.08.17)[96]. Knapp eine Woche später lag dieser bereits bei 4.126 USD (Stand 13.07.17)[97].

Bei Bitcoin wird die Transaktion mittels *Blockchain*-Technologie abgesichert. Hierfür werden alle Transaktionen einzeln registriert und auf eine Vielzahl von Servern gespeichert. Eine Fälschung der darin enthaltenen Informationen ist somit sehr schwer. In der Konsequenz entsteht ein dezentraler Handel der Währung.[98]

Ebenso gehören in das Segment *Zahlungsverkehr (Payment)* Fintechs, die alternative Bezahlmethoden anbieten, wie z.B. Mobile-Payment-Lösungen. Hierzu zählen Unternehmen, die Zahlungsmethoden offerieren, welche über das Mobiltelefon abgewickelt werden können oder kontaktloses Bezahlen ermöglichen. Auch Anbieter von sogenannten E-Wallets, ein System, in dem digitale Währungen sowie Zahlungsinformationen für andere Bezahlsysteme gespeichert werden, sind diesem Segment zuordenbar.[99]

Einer zunehmenden Popularität erfreut sich ebenso das alternative Bezahlverfahren der Peer-to-Peer-Überweisung, ergo die Überweisung von Geld zwischen zwei

---

[95] Vgl. BaFin (2016b).

[96] Vgl. Blockchaininfo (2017a).

[97] Vgl. Blockchaininfo (2017b).

[98] Böhme, R. et al. (2015): S. 219.

[99] Dorfleitner, G. & Hornuf, L. (2016): S. 9.

Einzelpersonen. Das Geld wird hierbei meist in Echtzeit und deutlich schneller im Vergleich zum klassischen Bankgeschäft transferiert.[100]

Zuletzt beschreibt das Segment *sonstige Fintechs* Unternehmen, welche weder den Bereichen Finanzierung, Vermögensmanagement oder Zahlungsverkehr zuordenbar sind. Dies können Fintechs sein, die Versicherungen anbieten oder vermitteln. Häufig werden sie als *Insurtechs* bezeichnet. Eine Wortkombination aus *Insurance* (engl. für Versicherung) und *Technology*. [101] Darüber hinaus zählen *Suchmaschinen und Vergleichsportale* für Finanzprodukte und –dienstleistungen ebenfalls zu den sonstigen Fintechs.[102]

Eine zusammenfassende Darstellung sämtlicher Segmente der Fintech-Branche zeigt *Abb. 4 Segmente der Fintech-Branche.*

Da Fintechs vor allem im Rahmen der Digitalisierung ein enormes Wachstum verzeichneten, wird der Begriff der Digitalisierung genauer beleuchtet. Hierfür ist nach Meinung des Autors eine bilaterale Betrachtung sinnvoll. Zunächst wird daher die *Digitalisierung als technische Transformation* thematisiert.

Technisch gesehen, bezeichnet die Digitalisierung die Umwandlung von Schrift, Bild, Ton oder anderen analogen Signalen. Die analogen Signale werden mit Hilfe von Analog- oder Digitalumsetzer bzw. –wandler abgetastet, welche seit dem Ursprung der Informationstechnologie (IT) eine immer höhere Leistungsfähigkeit erzielten. [103] Als Beispiel aus der Finanzbranche eignet sich nach Ansicht des Verfassers die Erfassung von Einzahlungs- und Überweisungsscheinen mittels eines Scanners. Dieser Scanner erstellt ein gerastertes Abbild des analogen Scheins und legt ihn in digitaler Form als formatiertes und maschinelles Dokument ab, welches sich zur Weiterverarbeitung eignet.

Dem gegenüber steht die *Digitalisierung als gesellschaftliche Transformation.* Diese Sicht der Digitalisierung beruht auf dem 1979 geprägten Begriff „Informatisierung" und beschreibt die Durchdringung sämtlicher Lebensbereiche der Gesellschaft mit IT (Nora und Mic, 1979). Dazu gehören auch die damit verbundenen Möglichkeiten und Veränderungen, die dieser Vorgang mit sich bringt. Davon

---

[100] Merritt, C. (2010): S. 17.
[101] Vgl. Lang, C. (2016).
[102] Dorfleitner, G. & Hornuf, L. (2016): S. 10.
[103] Alt, R. & Puschmann, T. (2016): S. 21.

betroffen sind z.B. Arbeitsabläufe in und zwischen Unternehmen, Geschäftsmodelle sowie Konsumgewohnheiten von Privatpersonen.[104]

4.2 Fintech-Markt in Deutschland

Wie im Abschnitt 1.2 beschrieben, wurden Anfangdes Jahres 2016 insgesamt 433 deutsche Fintech-Unternehmen identifiziert. Die *Abb. 5 Anzahl deutscher Fintech-Unternehmen* zeigt die absolute Verteilung dieser Unternehmen auf die verschiedenen Geschäftsbereiche. Das Gesamtvolumen aller Fintechs aus den beschriebenen Segmenten Finanzierung und Vermögensmanagement betrug im Jahr 2015 rund 2,2 Milliarden EUR mit durchschnittlichen Wachstumsraten von jährlich circa 150 %. Zudem konnten Fintechs, die im Zahlungsverkehr aktiv sind 2015 ein Transaktionsvolumen von circa 17 Milliarden EUR aufweisen. Zur Verwaltung ihrer persönlichen Finanzen nutzten in Deutschland rund 1,2 Millionen Personen PFM-Systeme.[105]

Abb. 6 Geografische Verteilung deutscher Fintech-Unternehmen zeigt, dass es mehrere Tech-Ballungszentren in Deutschland gibt. Insbesondere fallen die Regionen Berlin, München, Frankfurt und Hamburg ins Auge, in denen absolut die meisten Fintech-Unternehmen ihren Sitz haben, um von dort aus ihrer operativen Geschäftstätigkeit nachzugehen.

Wie in *Abb. 5 Anzahl deutscher Fintech-Unternehmen* zu erkennen ist, sind die meisten deutschen Fintechs im Bereich Zahlungsverkehr tätig (94), gefolgt von 65 Unternehmen aus dem Segment spenden- und gegenleistungsbasiertes Crowdfunding. Zudem sind 59 Fintechs aus dem Bereich sonstige Fintechs (ohne Versicherung) und 58 Unternehmen im Bereich Crowdfunding am deutschen Markt vertreten. Letztendlich zählen zu den Teilsegmenten Technik, IT und Infrastruktur sowie PFM jeweils 24 Unternehmen.

Viele der 433 in Deutschland identifizierten Fintechs haben allerdings nicht mehr als eine Internetpräsenz und waren zum Zeitpunkt der Studie von G. Dorfleitner und L. Hornuf im Auftrag des Bundesfinanzministeriums noch nicht operativ tätig. Weitere Unternehmen sind aufgrund von Aufgabe der Geschäftstätigkeit oder

---

[104] Alt, R. & Puschmann, T. (2016): S. 22.
[105] Dorfleitner, G. & Hornuf, L. (2016): S. 15.

Insolvenz nicht mehr aktiv. In der Konsequenz verringert sich die Gesamtanzahl der Fintechs mit einer aktiven Geschäftätigkeit im Jahr 2015 auf 346 Stück.

Abb. 7 Anteil der im Jahr 2015 aktiven Fintech-Unternehmen verdeutlicht, wie hoch der relative Anteil der operativ aktiven Fintechs in den einzelnen Geschäftsbereichen war. Demnach wird ersichtlich, dass insbesondere in der Sparte Crowdinvesting knapp 50 % der Onlineplattformen Ende 2015 keine Geschäftätigkeit vorwiesen. In den Teilsegmenten Anlage und Banking, Social Trading sowie Kredite und Factoring wiesen Ende 2015 hingegen alle der dort identifizierten Fintechs eine aktive Geschäftätigkeit vor.

Um dem Fintech-Markt im Allgemeinen weiteres Wachstum zu ermöglichen, haben einige Länder bereits Förderprogramme für die jungen Unternehmen aufgelegt. Eine Vorreiterrolle spielt nach der Sicht des Autors die Bank of England in Großbritannien. Dort können sich Fintechs seit 2016 für eine sogenannte Regulatory Sandbox bewerben. Dies ist ein Projekt, bei dem diese ihre Geschäftsmodelle drei bis sechs Monate unter gelockerten Regulierungsvorschriften im Markt testen können.[106]

Darüber hinaus wird in der Schweiz eine vergleichbare Projekteinführung geprüft.[107] In Singapur wurden am 26.11.2016 bereits Richtlinien für die Einführung eines solchen Projektes von der singapurischen Regierung über die Monetary Authority of Singapur (MAS) veröffentlicht.[108] Ebenso ist die Einführung einer ähnlichen Absprache in Deutschland wahrscheinlich, da die EU ankündigte, die Prospektrichtlinie zu modernisieren und somit indirekt Crowdfunding-Plattformen zu fördern, da sie von dieser Richtlinie nach Ansicht des Autors im Besonderen betroffen sind.[109]

Dass in Deutschland die Thematik der Fintechs zunehmend an Bedeutung gewinnt, ist auch daran erkennbar, dass das Bundesfinanzministerium für Finanzen am 22. März 2017 den sogenannten „Fintech-Rat" gründete. Dieser soll das Ministerium künftig „zu Fragen der digitalen Finanztechnologie, insbesondere zu (informations-) technologischen Entwicklungen, ihren Potentialen sowie Chancen

---

[106] Vgl. FCA (2015).
[107] Vgl. FINMA (2016).
[108] Vgl. MAS (2016).
[109] Vgl. Europäische Kommission (2016).

und Risiken beraten."[110] Im Fintech-Rat sitzen Vertreter aus der Politik, klassischen Kreditinstituten, Fintech-Unternehmen und Wissenschaft bei. Beispielhaft zu nennen sind: T. Al-Wazir (Vertreter des Hessischen Ministeriums für Energie, Wirtschaft, Verkehr und Landesentwicklung), Dr. M. Pertlwieser (Vertreter der Deutschen Bank AG), Dr. C. Gabor (Vertreterin der FinLeap GmbH) und Prof. Dr. P. Sandner (Vertreter der Frankfurt School of Finance & Management).[111]

Eine weitere treibende Kraft für die Entwicklung des deutschen Fintech-Marktes könnte nach der Einschätzung des Verfassers das Brexit-Votum vom 23.06.2016 in Großbritannien sein. Demnach stimmte die britische Bevölkerung in einem Referendum dafür, dass Großbritannien aus der EU austreten wird.[112] Das Risiko, den Zugang zum EU-Binnenmarkt und somit zum europäischen Markt zu verlieren, steigt deshalb für in Großbritannien ansässige Fintechs. Dies hätte allerdings nicht nur Folgen für die Finanzindustrie, sondern auch für andere Branchen, wie den Handel.[113] Es ist daher nach Auffassung des Autors sehr wahrscheinlich, dass Fintechs aufgrund der einhergehenden Rechtsunsicherheit eine Sitzverlegung in andere EU-Länder in Betracht ziehen. Unternehmen innerhalb der EU profitieren von einem regulatorisch stabilem Umfeld sowie einem sicheren Zugang zum gesamteuropäischen Markt.

Erste Fintechs reagierten bereits auf das Brexit-Votum in dem beispielsweise die Singapurer Digital Bank WB21 Pte. sowie weitere Unternehmen ihre Geschäftssitze von London nach Berlin verlegten.[114] Bislang sind die Auswirkungen des kommenden Brexits auf die Fintech-Branche allerdings nur schwer einzuschätzen und hängen essentiell von der künftigen politischen Entwicklung zwischen Großbritannien und der EU ab.

---

[110] Vgl. Bundesministerium für Finanzen (2016a).

[111] Vgl. Bundesministerium für Finanzen (2016b).

[112] Vgl. bpb Brexit (2016).

[113] Dorfleitner, G. & Hornuf, L. (2016): S. 18.

[114] Vgl. Geiger, F. (2016).

4.3 Geschäftsmodelle von Fintechs

In Abschnitt 4.1 wurde deutlich, dass die Fintech-Branche mit ihrer Vielzahl an Segmenten eine sehr umfangreiche ist. Aus diesem Grund werden im folgenden Abschnitt nur diejenigen Geschäftsmodelle genauer betrachtet, die am besten in den Kontext dieser Arbeit passen und mit Zahlen aus der Abschlussstudie des Bundesministerium für Finanzen aus dem Jahr 2016 unterlegt. Die hier aufzufindende Auflistung der Geschäftsmodelle und Segmente der Fintechs ist daher nicht abschließend.

4.3.1 Zahlungsverkehr

Im vorherigen Abschnitt wurde bereits kurz auf das Volumen des deutschen Fintech-Marktes eingegangen. Das Transaktionsvolumen deutscher Fintechs im Bereich Zahlungsverkehr betrug im Jahr 2015 rund 17 Milliarden EUR. Etwa 88 % dieses Volumens entfallen auf alternative Bezahlmethoden, welche häufig beim Online-Kauf verwendet werden. Laut der Studie von Worldpay wurden im Jahr 2015 bereits 31 % aller deutschen E-Commerce-Umsätze mit E-Wallets bezahlt.[115]

Die anderen 2 Milliarden EUR des deutschen Zahlungsverkehrs über Fintechs sind dem Segment der Kryptowährung zuzuordnen. Laut der Internetseite coinmarketcap.com betrug das tägliche Transaktionsvolumen der 200 wichtigsten Kryptowährungen im Jahr 2016 rund 190 Millionen USD und dürfte seit dem nach Meinung des Autors gestiegen sein.[116] Aufgrund der Tatsache, dass es für Deutschland keine detaillierten Informationen zur Nutzung von Kryptowährungen gibt, wurde das deutsche Marktvolumen vom International Monetary Fund (IMF) im Jahr 2015 auf circa 2 Milliarden EUR geschätzt.[117]

Einer der wichtigsten Wachstumstreiber des Zahlungsverkehrs ist die zunehmende Beliebtheit des E-Commerce. Laut dem deutschen Handelsverband stiegen die Umsätze dort seit 2006 mit einer durchschnittlichen jährlichen Wachstumsrate von über 11 %.[118] Alternative Bezahlmöglichkeiten wie E-Wallet-Systeme profi-

---

[115] Vgl. Worldpay (2015).
[116] Vgl. CoinMarketCap (2016).
[117] Vgl. IMF (2015).
[118] Vgl. HDE Zahlenspiegel (2016).

tieren nach Verständnis des Verfassers in der Konsequenz von dieser Entwicklung.

Gefördert wird dieser Trend auch durch die zunehmende Leistungsfähigkeit und gesellschaftliche Position der Smartphones. Mit diesen können mit Hilfe von Near-Field-Communication (NFC)-Datenübertragungsstandards Zahlungen, an technisch damit ausgestatteten Kassen, drahtlos abgewickelt werden. Eine weitere mobile Lösung funktioniert bspw. mittels eines sogenannten Quick-Response(QR)-Codes, welcher mit einem Smartphone eingescannt und die Zahlung mit einer dazugehörigen App vollzogen wird.[119]

Einen entscheidenden Einfluss auf Fintechs in den Bereichen Zahlungsverkehr und PFM hatte der Beschluss der Zahlungsdienstrichtlinie Payment Services Directive-PSD II, Richtlinie 2015/2366/EU im Oktober 2015 durch das Europäische Parlament. Demnach fallen nicht nur Zahlungsdienstleister wie klassische Finanzdienstleister, sondern auch Anbieter von sogenannten Zahlungsauslösediensten unter diese Regulierung. Zwei Aspekte der Richtlinie sind nach Auffassung des Autors für Fintechs von enormer Bedeutung. Zum einen werden klassische Finanzinstitute mittels einer Open-Access-Regelung dazu verpflichtet, Drittanbietern, welche Zahlungsauslösedienste anbieten, Kontoinformationen mit der Einwilligung der Kunden zugänglich zu machen. Die berechtigten Drittanbieter können dann einen Zugang zu Kontoinformationen von Kunden der klassischen Finanzinstitute erhalten, der ihnen bisher nicht vorlag.[120] Somit könnten Banken den Fintechs gegenüber einen maßgeblichen Wettbewerbsvorteil verlieren, da diese die Kontoinformationen der Kunden weiterverarbeiten und ihnen angepasste Bezahlmethoden oder PFM-Systeme anbieten können.

4.3.2 Personal Financial Management

In Deutschland nutzten bis 2015 etwa 1,2 Millionen Menschen unabhängige PFM-Systeme, um ihre persönlichen Finanzen aggregiert visualisiert zu bekommen und sie selbst analysieren zu können (s. Kapitel 4.2).

Dies ergab eine Studie von Lößl et al. (2014), laut deren Befragung 3 % der befragten Personen unabhängige und 5 % PFM-Systeme einer Bank oder Sparkasse nutzen. Jedoch war die befragte Personengruppe nicht repräsentativ, da 98 % der

---

[119] Vgl. BaFin (2016a).
[120] Vgl. PSD II (2015).

Befragten angaben, dass sie regelmäßig Online-Banking in Anspruch und ihnen somit eine gewisse Internetaffinität unterstellt werden kann.[121] Gemäß des Bankenverbandes nutzten im Jahr 2014 lediglich etwa 56 % der Deutschen Online-Banking zur Durchführung ihrer Bankgeschäfte.[122]

Das Angebot der PFM-Systeme ist vielfältig, da sowohl Apps, als auch Online-Lösungen bis hin zu Software, welche vor Benutzung heruntergeladen werden muss, offeriert werden. Darüber hinaus gibt es große Unterschiede in der Funktionalität der Systeme. So spezialisieren sich einige Anwendungen auf die reine visuelle Darstellung der Finanzen (z.B. Contovista). Andere wiederum bieten Module zur Visualisierung des persönlichen Zahlungsverkehrs, wie in- und ausländische Überweisungen, an (z.B. Cashlink). Schlussendlich gibt es in Deutschland auch Anwendungen, die eine Art Beratungsfunktion integriert haben. Das System vergleicht die bestehenden Konten und Finanzvolumina nach manueller Eingabe mit Angeboten am Markt und deckt so mögliche Optimierungsmöglichkeiten für den Nutzer auf (z.B. Micobo).[123]

4.3.3 Robo Advice und Social Trading

Das Teilsegment **Robo Advice** (RA) verzeichnete in jüngster Vergangenheit in der Fintech-Branche die höchste Wachstumsrate. So betrug diese von 2013 bis 2015 circa 1.200 % p.a. (s. *Abb. 8 Verwaltetes Vermögen im Teilsegment Robo Advice (in MEUR)*).

Dabei verwalten die beiden Marktführer dieses Segmentes (SmartDepot und Quirion) mehr als 50 % des gesamten verwalteten Vermögens.[124] Viele deutsche RA-Anbieter investieren in sogenannte Exchange-Traded-Funds (ETF). Nur wenige bieten zusätzlich Aktien und Aktienfonds an. Der Vorteil bei einer Investition in ETF liegt nach dem Verständnis des Autors in der niedrigen Kostenstruktur und dem hohen Automatisierungsgrad in der Beratung. Somit sind die erhobenen Gebühren von RA-Anbietern deutlich günstiger für den Endkunden, als beispielsweise bei einem klassischen Fondsmanager. Der Anbieter Quirion verlangt von seinen

---

[121] Lößl, F. et al. (2014): S. 36.
[122] Bankenverband (2015): S. 13.
[123] Dorfleitner, G. & Hornuf, L. (2016): S. 43.
[124] Dorfleitner, G. & Hornuf, L. (2016): S. 41.

Anlegern 0,48 % des Anlagebetrages als Gebühr[125], im Vergleich dazu sind bei einem klassischen Fondsmanager Gebühren bis zu 1,5 % möglich.[126]

O'Keefe et al. (2016) erklären in ihrer Studie, dass die benutzerfreundliche Handhabung ein starkes Argument für die künftige Nutzung solcher Plattformen ist. Ferner zeigen sie auf, dass RA-Anbieter durch ihre Mindestanlagesummen zwischen 0 EUR (z.B. Ginmon oder Vaamo) und 10.000 EUR (z.B. Quirion) auch die Möglichkeit haben, jüngere mit einem niedrigeren bis mittleren Vermögen besitzende Investierende anzusprechen. Zudem bieten sie oft die Verfolgung eines Sparplans an.[127] Dies lässt RA-Anbieter nach Einschätzung des Verfassers Kundengruppen erschließen, die bislang auf Grund der Einstiegshürden in Form von Mindestanlagesummen nur einen erschwerten Zugang zu klassischen Vermögensverwaltern hatten.

Die enorm hohen Wachstumsraten im deutschen Markt in jüngster Vergangenheit dürften unter anderem der positiven Berichterstattung über den US-amerikanischen Markt im Bereich RA geschuldet sein. Dort verwalteten bekannte US-Anbieter, wie Betterment und Wealthfront zum Ende des Jahres 2015 jeweils rund 3 Milliarden USD.[128] Zudem haben auch traditionelle US-Vermögensverwalter, wie Schwab Capital und Vanguard bereits eigene Robo Adivce Anwendungen an den Markt gebracht.[129]

Ebenfalls hohe Wachstumsraten des verwalteten Vermögens verzeichnete das Teilsegment **Social Trading**. In Deutschland wurden im Jahr 2015 rund 190 Millionen EUR auf entsprechenden Plattformen verwaltet. Wie in *Abb. 9 Verwaltetes Vermögen im Teilsegment Social Trading (in MEUR)* zu erkennen, begann das Wachstum vor allem ab dem Jahr 2012, in dem erstmals ein zweistelliger Millionenbetrag auf diversen Plattformen verwaltet wurde. Die durchschnittliche jährliche Wachstumsrate beträgt circa 213 %.[130]

Die marktführenden Plattformen im Bereich Social Trading sind Ayondo, wikifolio und eToro. Die Unterschiede bestehen vor allem in deren handelbaren Finanz-

---

[125] Vgl. Quirion (2017).

[126] Vgl. Kaufmann, B. (2016).

[127] Vgl. O'Keefe, D. et al. (2016).

[128] Vgl. Malito & Zhu (2016).

[129] Dorfleitner, G. & Hornuf, L. (2016): S. 41.

[130] Dorfleitner, G. & Hornuf, L. (2016): S. 38.

produkten. So können Investierende auf Ayondo und eToro ihr Geld ausschließlich in Differenzkontrakten (CFD) mit einem Hebel von durchschnittlich 20 anlegen.[131] Auf wikifolio haben Investierende die Möglichkeit, in Aktien, Fonds, Zertifikate und andere Hebelprodukte zu investieren.[132] Der Hebel der Derivate multipliziert sowohl die Gewinn-, als auch die Verlustchancen. Ein Totalverlust des Vermögens ist für die Anleger dadurch wahrscheinlich. Pan et al. (2012) zeigten bei der Untersuchung der Plattform eToro, dass in den Jahren 2010 bis 2012 nur etwa 16 % der Investierenden einen Gewinn realisiert hatten.[133]

4.3.4 Kredite und Factoring

Die ersten Fintechs des Bereiches *Kredite und Factoring* nahmen ihre Geschäftstätigkeit im Jahr 2012 auf. Im Jahr betrug das Volumen an finanzierten Krediten über solche Plattformen circa 140 Millionen EUR. Zudem konnte ein angekauftes Forderungsvolumen im Bereich Factoring von über 500 Millionen EUR festgestellt werden.[134]

Eines der ersten Unternehmen dieses Segmentes und heute Marktführer ist das Fintech Debitos, welches eine Plattform speziell für Factoring ist. Dort können mittelständische Unternehmen und Banken Forderungen und Kredite versteigern.[135] Laut eigenen Angaben Debitos seit Geschäftsbeginn im Juni 2017 über seine Plattform bereits Forderungen in Höhe von circa 1,75 Milliarden EUR versteigert.[136] Ebenfalls im Jahr 2012 starteten weitere Fintechs ihre Geschäftstätigkeit, fokussierten sich im Vergleich zu Debitos allerdings auf kleinere Forderungsvolumina.

Als erstes deutsches Fintech im Segment *Kredite* wurde Vexcash 2012 aktiv.[137] Dieses stellt eine Onlineplattform für Kurzzeitkredite[138] dar und hat nach eigenen Angaben seither über 200.000 Kreditanträge erfolgreich abgewickelt. Die Kredite

---

[131] Vgl. Dorfleitner, G. et al. (2016a).

[132] Vgl. Wikifolio (2017).

[133] Pan, W. et al. (2012): S. 2.

[134] Dorfleitner, G. & Hornuf, L. (2016): S. 35.

[135] Vgl. Debitos (2017a).

[136] Vgl. Debitos (2017b).

[137] Vgl. Vexcash (2017a).

[138] Kurzzeitkredite werden in der Regel innerhalb von 30 Tagen zurückgezahlt (Vgl. Vexcash (2017b)).

werden an eine Partnerbank vermittelt und somit im Gegensatz zum Crowdfunding nicht durch einen „Schwarm" refinanziert. [139] Kurz darauf starteten weitere Unternehmen in diesem Bereich ihre Geschäftstätigkeit mit unterschiedlichen Geschäftsmodellen. Diese waren unter anderem Online-Pfandhäuser oder Plattformen zur Vermittlung von Mittelstandskrediten.[140]

Insgesamt sind im Bereich Kredite und Factoring, wie in *Abb. 5 Anzahl deutscher Fintech-Unternehmen* zu sehen, noch 14 Fintechs aktiv. Hierbei bieten sieben Unternehmen Kredite und sieben Fintechs Factoring-Lösungen an.

4.4 Crowdfunding

Das Teilsegment Crowdfunding besteht laut aktueller Fachliteratur aus vier weiteren Subkategorien auf die im Folgenden genauer eingegangen wird. Diese sind gemeinhin: a) spendenbasiertes Crowdfunding, b) gegenleistungsbasiertes Crowdfunding, c) Crowdinvesting und d) Crowdlending.[141] Im Rahmen dieser Arbeit werden die ersten beiden Teilsegmente nicht gesondert, sondern gemeinsam als spenden- und gegenleistungsbasiertes Crowdfunding betrachtet.

Das Gesamtvolumen des deutschen Crowdfunding-Marktes betrug im Jahr 2015 circa 273 Millionen EUR, wobei zwischen 2007 und 2015 in Summe bereits knapp 585 Millionen EUR an Finanzmitteln über diverse Plattformen vermittelt wurden. Der größte Teil des vermittelten Kapitals wurde über Crowdlending finanziert. Crowdinvesting spiegelt mit 17 % im Jahr 2015 die zweitgrößte Teilsparte wider. Lediglich 13 % wurden 2015 auf Plattformen für spenden- und gegenleistungsbasiertes Crowdfunding vermittelt.[142]

Die *Abb. 10 Eingesammeltes Kapital im Teilsegment Crowdfunding (in MEUR)* zeigt die Relationen visualisiert dargestellt. Die durchschnittliche jährliche Wachstumsrate im Crowdfunding betrug rund 103 %.

---

[139] Vgl. Vexcash (2017a).
[140] Dorlfeitner, G. & Hornuf, L. (2016): S. 36.
[141] Vgl. Crowdfunding.de (2017).
[142] Dorfleitner, G. & Hornuf, L. (2016): S. 21.

4.4.1 Spenden- und gegenleistungsbasiertes Crowdfunding

In Summe wurden 2015 im Bereich spenden- und gegenleistungsbasiertes Crowdfunding über entsprechende Plattformen knapp 36 Millionen EUR vermittelt und seit 2007 insgesamt 85 Millionen EUR. Bis Ende 2015 waren 65 spenden- und gegenleistungsbasierte Crowdfunding-Plattformen in Deutschland tätig, von denen heute noch 49 aktiv auf dem Markt agieren.[143]

Deutsche Marktführer in diesem Segment sind Betterplace (betterplace.org), Startnext (startnext.com) und VisionBakery (visionbakery.de). Zusammen vermittelten diese drei Fintechs circa 85 % des Marktvolumens im Jahr 2015, wenn das vermittelte Volumen der internationalen Plattformen in Deutschland vernachlässigt wird.[144]

Spenden- und gegenleistungsbasiertes Crowdfunding stellt am deutschen Markt den kleinsten Teil des Segmentes Crowdfunding dar. Die Anzahl der erfolgreich finanzierten Projekte ist im Vergleich zum Crowdinvesting höher, dort war jedoch das durchschnittliche Finanzierungsvolumen der Projekte deutlich größer.[145]

Die durchschnittliche jährliche Wachstumsrate des spenden- und gegenleistungsbasierten Crowdfundings beträgt circa 148 %, wie in *Abb. 11 Eingesammeltes Kapital im Teilsegment spenden- und gegenleistungsbasiertes Crowdfunding* zu sehen ist.

Seit Mai 2015 ist Kickstarter (kickstarter.com) als die weltweit größte Plattform für gegenleistungsbasiertes Crowdfunding, auf dem deutschen Markt vertreten.[146] Deutsche Projektinitiierende konnten sich vorher bereits auf der Plattform finanzieren, mussten allerdings mit administrativen Hürden kämpfen. So war es beispielsweise erforderlich, ein amerikanisches Bankkonto zu besitzen und die Projektbeschreibung auf Englisch zu verfassen.[147]

Die ersten Unterstützer des spenden- und gegenleistungsbasierten Crowdfundings hatten vermutlich vorrangig altruistische Motive, soziale und kreative Projekte finanziell zu unterstützen. Auch heute werden auf den größten deutschen

---

[143] Dorfleitner, G. & Hornuf, L. (2016): S. 22.

[144] Dorfleitner, G. & Hornuf, L. (2016): S. 22.

[145] Dorfleitner, G. & Hornuf, L. (2016): S. 23.

[146] Vgl. Gründerszene (2015).

[147] Dorfleitner, G. & Hornuf, L. (2016): S. 23.

Plattformen, wie Startnext Projekte aus den Bereichen Film und Musik am häufigsten finanziert[148], ebenso bei der internationalen Plattform Kickstarter.[149] Ein großer Vorteil, den Unternehmen nach Verständnis des Autors mit einer Projektkampagne auf einer vergleichbaren Plattform haben, ist, dass sie die potentielle Nachfrage nach ihrem Produkt oder ihrer Dienstleistung frühzeitig abschätzen können.

Die Anzahl der jährlich über spenden- und gegenleistungsbasierten Crowdfunding finanzierten stieg Projekte in den letzten Jahren insgesamt deutlich an. In den Jahren 2011 und 2013 lag die Anzahl der jährlich erfolgreichen Kampagnen noch unterhalb der 10.000-Stück-Marke. Im Jahr 2015 hingegen wurden indes erstmals 20.000 Kampagnen erfolgreich über entsprechende Plattformen finanziert.[150]

Das durchschnittliche Finanzierungsvolumen ist von der jeweiligen Plattform abhängig. Sie kann in einer Spanne von 1.100 EUR bis 2.100 EUR bei den kleineren und auf den größeren Plattformen wie Startnext und VisionBakery zwischen 5.000 EUR und 8.000 EUR liegen. Auf internationalen Plattformen, wie Kickstarter (über 15.000 USD - rund 12.755 EUR, Stand 19.08.17), liegt dieser Wert oft noch höher.[151]

Viele kleinere Plattformen spezialisieren sich auf Projekte einer bestimmten Branche. So beispielsweise Monaco Funding (sportlerfoerderung.de), die ausschließlich Projekte mit einem sportlichen Motiv vermitteln.[152] Demnach haben sie oftmals auch vergleichsweise geringe Finanzierungsvolumina. Dies lässt sich unter anderem darauf zurückführen, dass diese Projekte einen anderen Kapitalbedarf haben. Andererseits könnte es ihnen nach Ermessen des Autors möglicherweise schlichtweg an Unterstützenden fehlen.[153]

Rein rechtlich gesehen ist für die Unterhaltung einer solchen Plattform keine spezielle Lizenz notwendig, da die Verwaltung der eingesammelten Kundengelder

---

[148] Vgl. Startnext (2016).

[149] Vgl. Kickstarter (2016a).

[150] Dorfleitner, G. & Hornuf, L. (2016): S. 24.

[151] Vgl. Kickstarter (2016b).

[152] Vgl. Monaco Funding (2014).

[153] Dorfleitner, G. & Hornuf, L. (2016): S. 25.

häufig durch einen Treuhänder erfolgt und es keine Verpflichtung zur Gewinnbeteiligung oder Rückzahlung gibt.[154]

4.4.2 Crowdinvesting

In den Jahren 2007 bis 2015 vermittelten Crowdinvesting-Portale rund 110 Millionen EUR, wobei der deutsche Markt dieses Segmentes 2015 ein Gesamtvolumen von circa 47 Millionen EUR aufwies.[155]

Am 1. August 2011 wurden die ersten zwei Finanzierungen von Seedmatch veröffentlicht und binnen drei Monaten erfolgreich finanziert.[156] Viele Unternehmen starteten weitere Plattformen, konnten sich allerdings nicht am Markt etablieren. Zwischen 2011 und 2015 wurden auf den beiden Plattformen Seedmatch und Companisto zusammen etwa 46 % des gesamt-finanzierten Volumens vermittelt und lässt daher auf eine starke Marktkonzentration schließen.

Crowdinvesting ist beim Crowdfunding das zweitgrößte Segment hinter dem Crowdlending. Daher wurde beim Crowdinvesting im Vergleich zum Crowdlending ein kleineres Gesamtvolumen an eine deutlich geringere Anzahl von kapitalsuchenden Unternehmen vermittelt. Die durchschnittliche jährliche Wachstumsrate liegt bei circa 220 %, wie in *Abb. 12 Eingesammeltes Kapital im Teilsegment Crowdinvesting (in MEUR)* zu erkennen ist.[157]

In dieser Abbildung ist ebenso verdeutlicht, dass das jährliche Wachstum in den vergangenen Jahren abgenommen hat. Ursache dafür könnte eine zu geringe Rendite für dieses Segment sein. Hornuf und Schmitt (2016) stellten fest, dass Investierende bis zum 1. Januar 2016 circa 23,2 % des eingesetzten Kapitals verloren, unter der Annahme, dass sie den identischen Betrag in jede offerierte Finanzierungsmöglichkeit investierten.[158] Dies ist aus Sicht des Verfassers allerdings kritisch zu betrachten, da die Investition eines einzelnen Anlegers in jede angebotene Finanzierungsmöglichkeit der Plattform unwahrscheinlich ist. Vielmehr wird sich dieser Projekte, welche Kapital benötigen anschauen und anhand seiner Inte-

---

[154] Vgl. BaFin (2016c).

[155] Dorfleitner, G. & Hornuf, L. (2016): S. 26.

[156] Vgl. Seedmatch (2017a).

[157] Dorfleitner, G. & Hornuf, L. (2016): S. 26 ff..

[158] Hornuf, L. & Schmitt, M. (2016): S. 16-22.

ressen im Bezug auf Risiko, Rentabilität und Erfolgswahrscheinlichkeit eine Vorselektion treffen.

Dennoch dürfte das rasante Marktwachstum der ersten Jahre vor allem auf die positive Berichterstattung in den Medien sowie auf „neugierige, frühzeitige Anwendende und Investierende zurückzuführen sein, die eine neue Anlageklasse ausprobieren wollten und eine vergleichsweise hohe Rendite erwarteten."[159]

Die ursprünglich von Crowdinvesting-Plattformen angebotenen Finanzierungsverträge waren stille Beteiligungen und Genussrechte. Diese gehören zu den hybriden Finanzierungsformen oder auch Mezzanine-Finanzierungen. Sie stehen wirtschaftlich zwischen Eigen- und Fremdkapital, wobei sie steuerlich zwingend einer dieser beiden Kategorien zugeordnet sein müssen.[160] Nachteilig für die Crowdinvesting-Plattformen bei diesen Beteiligungsformen ist jedoch, dass sie gemäß des Vermögensanlagegesetzes lediglich bis zu einer Höhe von 100.000 EUR ohne Prospekt begeben werden dürfen.[161] Daher suchten Plattformen nach Alternativen. Am 29. November 2012 vermittelte Seedmatch erstmals ein patriarisches Darlehen, welches zum damaligen Zeitpunkt nicht unter den Begriff der Vermögensanlage fiel und somit keiner Maximalbegrenzung unterlag. Deshalb konnten diese auch ohne Prospekt begeben werden.[162]

Mit der Einführung des Kleinanlegerschutzgesetzes wurde das Emissionsvolumen von patriarischen Darlehen und Nachrangdarlehen ohne Prospekt auf 2,5 Millionen EUR begrenzt.[163] Die bislang größte Emission eines patriarischen Darlehens gelang dem Immobilienprojekt Weissenhaus am 31.03.2015 mit einer Höhe von 7,5 Millionen EUR.[164]

Lediglich vier Projekte haben bis zum Ende des Jahres 2015 die vom Kleinanlegerschutzgesetz definierte Grenze von 2,5 Millionen EUR überschritten: Urbanara Home AG (eine Online-Marke für qualitativ hochwertige Heimtextilien und Wohnaccessoires) mit knapp 3 Millionen EUR über die Plattform Bergfürst[165];

---

159 Dorfleitner, G. & Hornuf, L. (2016): S. 27.
160 Beck, R. (2016): S. 138.
161 Vgl. Deutsche Mikroinvest (2017).
162 Dorfleitner, G. & Hornuf, L. (2016): S. 28.
163 Vgl. Deutsche Mikroinvest (2017).
164 Vgl. Companisto (2015).
165 Vgl. Bergfürst (2013).

Protonet 2 (ein intuitiv bedienbarer Personal-Server) mit 3 Millionen EUR über die Plattform Seedmatch[166]; SpreeSide Residenz (exklusive Wohngebäude auf einem der letzten freien Wassergrundstücke Berlins) mit 3,2 Millionen EUR über die Plattform FunderNation[167]; sowie das beschriebene Immobilienprojekt Weissenhaus mit 7,5 Millionen EUR über die Plattform Companisto.

Wachstumsimpulse für den Crowdinvesting-Markt kamen in jüngster Vergangenheit ins Besondere durch eine Diversifizierung der möglichen Finanzierungsprojekte. So wurden anfangs lediglich Start-Up-Unternehmen finanziert, inzwischen sind auch Investments in den Bereichen Immobilien, Ökologie und Filme möglich.[168] Dennoch stagnierte die Anzahl der erfolgreich finanzierten Kampagnen, wie *Abb. 13 Anzahl erfolgreich finanzierter Kampagnen im Teilsegment Crowdinvesting* beweist. Das durchschnittliche Emissionsvolumen wuchs in den vergangenen Jahren stetig, trotz der Stagnierung der Anzahl der finanzierten Kampagnen. Am geringsten war das durchschnittlich eingesammelte Kapital je Projekt im Jahr 2012 mit einem Volumen von 100.202 EUR. Am höchsten war das durchschnittlich eingesammelte Kapital im Jahr 2014 mit einer Höhe von 559.843 EUR.[169]

Die Anzahl der Investierenden hängt von der jeweiligen Plattform ab. Mithin lässt sich sagen, dass die Anzahl von 2011 bis 2014 stetig zunahm und im Jahr 2014 mehr als 13.000 Personen Geld über deutsche Crowdinvesting-Plattformen in diverse Projekte investierten. Gerade die Investorenanzahl der Plattform Companisto dürfte seit 2012 stark gewachsen sein, da sie einen Mindestanlagebetrag von 5 EUR voraussetzt.[170]

4.4.3 Crowdlending

Crowdlending als größtes Teilsegment des Crowdfundings verzeichnete im Jahr 2015 ein Gesamtmarktvolumen von 189 Millionen EUR. In Summe wurden bis 2015 über entsprechende Plattformen knapp 400 Millionen EUR vermittelt. Ähnlich zu den anderen beiden Teilsegmenten des Crowdfundings, ist das hohe

---

[166] Vgl. Seedmatch (2014).

[167] Vgl. FunderNation (2015).

[168] Klöhn, L. et al. (2016): S. 142 ff..

[169] Dorfleitner, G. & Hornuf, L. (2016): S. 29.

[170] Vgl. Companisto (2017).

Marktwachstum, welches *Abb. 14 Eingesammeltes Kapital im Teilsegment Crowdlending (in MEUR)* darstellt, auf neugierige Investierende zurückzuführen, die eine zu diesem Zeitpunkt neuartige Form der Geldanlage testen wollten. Das durchschnittlich jährliche Wachstum beträgt in diesem Teilsegment circa 95 %.[171]

Die ersten Privatkredite wurden schon früh auf dem deutschen Markt mittels Crowdlending-Plattformen angeboten. So gründeten sich im Jahr 2007 die Plattformen eLolly, Smava und der heutige Marktführer Auxmoney.[172] Dieser vermittelte im Jahr 2015 über die Hälfte des gesamten über Crowdlending-Plattformen finanzierten Kreditvolumens. Somit könnten die jüngst hohen Wachstumsraten des Marktes auf das Wachstum von Auxmoney zurückgehen, da sie das Volumen der finanzierten Kredite im Jahr 2015 verdreifachen konnte.[173]

Intention von Kreditnehmern auf solchen Plattformen ist in 22,80 % der Fälle, andere Kredite abzulösen oder einen Dispositionskredit auszugleichen. Möbelkauf oder Umzug (14,65 %), Autokredit (13,25 %) oder Existenzgründung (11,82 %) folgen als häufigste Verwendungszwecke.[174] Beim amerikanischen Marktführer im Bereich Crowdlending (Lending Club) wurden sogar 61 % der Kredite zur Ablösung anderer Schulden verwendet.[175]

Zur Risikokalkulierung des Kredites greifen viele Plattformen auf externe Bonitätsauskünfte und –einschätzungen, wie der Schufa-Auskunft oder den Ratings der Creditreform AG zurück, um einen risikoadäquaten und laufzeitabhängigen Zinssatz zu bestimmen.[176]

Die absolute Anzahl der über solche Plattformen finanzierten Kredite entwickelte sich analog zum finanzierten Volumen, wie *Abb. 15 Anzahl erfolgreich finanzierter Darlehen im Teilsegment Crowdlending (in TEUR)* visualisiert.

---

171 Dorfleitner, G. & Hornuf, L. (2016): S. 32-33.
172 Vgl. Auxmoney (2017a).
173 Vgl. Auxmoney (2016).
174 Vgl. Auxmoney (2017b).
175 Vgl. Lending Club (2017).
176 Dorfleitner, G. & Hornuf, L. (2016): S. 33.

5 Fintech für KMU

Nachdem der Fintech-Markt überwiegend im B2C-Bereich[177] betrachtet wurde, soll im folgenden Abschnitt erörtert werden, inwiefern Fintechs im B2B-Geschäft[178] erfolgreich sein können. In diesem Sinne wird daher die aktuelle Finanzierungssituation für KMU genauer untersucht und anschließend die Sinnhaftigkeit der Crowdfunding-Finanzierung für KMU anhand konkreter Kriterien erwägt.

5.1 Klassische Bankfinanzierung in Deutschland

Kredite von Banken stellen nach der Finanzierung aus internen Mitteln, die wichtigste Finanzierungsquelle für deutsche Unternehmen dar.[179]

Angesichts des strukturellen und technologischen Wandels steht der deutsche Kreditmarkt für Unternehmenskredite nach Auffassung des Autors vor großen Herausforderungen. Veränderungen der deutschen Kreditwirtschaft in Form der Basel-III-Bestimmungen als Reaktion auf die Finanzkrise im Jahr 2008 durch die Staats- und Regierungschefs der G20-Länder, haben nachhaltige Auswirkungen auf die Finanzierungssituation von Unternehmen.[180] Ziel dieser Bestimmungen war es, den Finanzmarkt zu stabilisieren und die durch die Krise offengelegten Schwachstellen, insbesondere in der Regulierung der Märkte, zu bereinigen.[181]

Kernbestandteil der Umsetzung dieser Ziele ist eine grundlegende Verbesserung der Eigenkapitalausstattung sowie eine Erhöhung der Liquidität von Kreditinstituten.[182] Demnach müssen Banken nicht nur quantitativ mehr, sondern auch qualitativ bessere Eigenmittel hinterlegen, um mögliche Verluste aus Bankgeschäften besser absorbieren zu können. Darüber hinaus sind Banken dazu verpflichtet zusätzliche Kapitalpuffer aufzubauen, welche flexibler als Mindestquoten einsetzbar sind. Durch die internationalen Liquiditätsregeln durch Basel-III soll jederzeit

---

[177] Die Bezeichnung B2C (Business-To-Consumer) wird allgemein für die Geschäftsbeziehungen zwischen Unternehmen und z.B. Konsumenten (Consumer) verwendet (Vgl. Backhaus, K. (2003))

[178] Die Bezeichnung B2B (Business-To-Business) wird allgemein für die Geschäftsbeziehungen zwischen mindestens zwei Unternehmen verwendet (Vgl. de Zoeten, R. et. al (1999)).

[179] Vgl. Schwartz, M. & Zimmermann, V. (2012).

[180] Vgl. Bundesministerium für Finanzen (2013).

[181] Vgl. Deutsche Bundesbank (2013a).

[182] Vgl. Bundesministerium für Finanzen (2013).

ausreichende Liquidität der Kreditinstitute sichergestellt und der internationale Finanzmarkt somit resistenter gegenüber Krisen aufgestellt werden.[183] Die Vereinheitlichung der gefassten Standards ersetzen eine Vielzahl unterschiedlicher Regelungen in Europa und können somit ebenso zu mehr Wettbewerbsgleichheit führen.[184]

Dennoch müssen Banken die Kreditwünsche ihrer Kunden künftig schärfer kontrollieren und höhere Sicherheiten verlangen, um Darlehen zu vergeben. Diese Entwicklung bremst den Finanzierungskanal Fremdkapital für eine Vielzahl von Unternehmen enorm aus. Besonders für risikoreichere Projekte, wie Innovationsinvestitionen oder Existenzgründungen entstehen oftmals finanzielle Engpässe. [185]

Laut einer Umfrage unter 2.100 Unternehmen aller Größenklassen, Branchen und Regionen in Deutschland durch die KfW Bankengruppe zur Entwicklung der Finanzierungsbedingungen gaben 12,5 % der Unternehmen an, leichter Kredite aufnehmen zu können und 16,7 % meldeten einen erschwerten Kreditzugang. Dies entspricht einer Zunahme von knapp 12 Prozentpunkten. Die Erhebung der KfW Bankengruppe zeigte demnach eine – wenn auch nur geringe, Verschlechterung des Finanzierungsklimas verglichen mit vorherigen Perioden. Dabei wurde als Hauptgrund zur negativen Beurteilung des Finanzierungsklimas, die zunehmenden Anforderung an zu stellende Kreditsicherheiten angeführt.[186]

Ebenfalls sind die unterschiedlichen Beurteilungen des Kreditzugangs zwischen kleinen und großen Unternehmen deutlich. Hernach beurteilen kleine Unternehmen mit einem Umsatz bis 1 Million EUR das Finanzierungklima häufiger negativ, als große. In Zahlen bedeutet das, dass kleine Unternehmen siebenmal so häufig von einer Verschlechterung des Kreditzugangs berichteten, als große Unternehmen mit einem Umsatz von über 50 Millionen EUR (26,8 % gegenüber 3,8 %).[187]

Maßgeblich für die Kreditvergabe von Banken an Unternehmen sind die vergebenen Ratings.[188] Sie erlauben es, mit Hilfe von mathematisch-statistischen Rechen-

---

[183] Vgl. Deutsche Bundesbank (2013a).

[184] Vgl. Bundesministerium für Finanzen (2013).

[185] Kipp, V. (2014): S. 4.

[186] KfW Bankengruppe (2017): S. 3.

[187] KfW Bankengruppe (2017): S. 3.

[188] Becker, B. & Müller, S. (2003): S. 534.

verfahren und Datenstrukturen, die Kreditwürdigkeit von Unternehmen einzuschätzen, um somit eine möglichst genaue Ausfallwahrscheinlichkeit innerhalb eines Jahres zu bestimmen.[189] Mit dem Rating wird die Bonität des Darlehensnehmers ermittelt. Es hat daher hohe Auswirkungen auf die Kreditentscheidung und Kreditkonditionen für das kapitalsuchende Unternehmen und wird in der Regel durch bankinterne Prozesse oder durch Ratingagenturen bestimmt.[190] Das bankinterne Rating für ein Unternehmen eruiert die Bank in der Regel aus sogenannten Hardfacts und Softfacts.[191] Zu den Hardfacts gehören beispielsweise eine Beurteilung der Ertragslage und -entwicklung, eine Cashflowanalyse und die Bilanzpolitik. Mithin also Informationen, welche sich anhand der Bilanz bzw. Gewinn- und Verlustrechnung des jeweiligen Unternehmens bestimmen lassen.[192] Im Gegensatz zu den Hardfacts sind die sogenannten Softfacts nahezu nicht messbar. Hierzu zählen qualitative Faktoren, wie z.B. Marktstellung oder Unternehmensmanagement. Mit Hilfe einer Analyse dieser Informationen sollen längerfristige Entwicklungen des Unternehmens prognostiziert werden. Außerdem fließen in das Rating neben Hard- und Softfacts auch branchenspezifische Risikofaktoren mit ein. Demnach wird zwar mit statistisch-mathematischen Funktionen die Bonität eines Darlehensnehmers ermittelt, es können jedoch zusätzliche individuelle Komponenten in das Verfahren mit einbezogen werden, da sehr stark standardisierte Ratingverfahren in Einzelfällen nicht die vollständige Situation eines Unternehmens darstellen können.[193]

Die Entwicklung der Ratingnoten von deutschen Unternehmen wurde durch die KfW Bankengruppe im Jahr 2017 ebenfalls untersucht. Demnach verbesserten sich diese auf breiter Front. Im Durchschnitt berichteten 30,9 % der befragten Unternehmen von einer besseren Bonitätsbeurteilung, lediglich 9,3 % meldeten eine Verschlechterung.[194]

Ein Grund für diese breite positive Entwicklung könnte aus Sicht des Autors die solide konjunkturelle Situation Deutschlands sein, welche sich mittels der Finanzkennziffern und Geschäftserwartungen positiv auf die Ratingnoten auswir-

---

[189] Vgl. Munsch, M. & Weiß, B. (2001).

[190] Vgl. Hose, C. et al. (2012).

[191] Vgl Lies, J. (2008).

[192] Vgl. Lies, J. (2008).

[193] Kipp, V. (2014): S. 10.

[194] KfW Bankengruppe (2017): S. 9.

ken können. Allerdings sind auch hier Unterschiede zwischen den Unternehmensgrößen zu beobachten. So sinkt mit zunehmender Unternehmensgröße die relative und absolute Anzahl der Unternehmen, welche eine Verschlechterung der Ratingnote verzeichneten.[195]

Insgesamt lässt sich aus der Unternehmensbefragung der KfW Bankengruppe entnehmen, dass sich die positive Finanzierungssituation von Unternehmen erstmals seit 2011 nicht weiter fortgesetzt hat. Vielmehr verzeichneten vor allem junge und kleine Unternehmen eine zunehmende Verschlechterung in der Kreditaufnahme durch Banken. Aber auch große Unternehmen bestätigten diesen Trend, wenn auch nur sehr geringfügig.[196]

5.2 KMU-Finanzierung in Deutschland

Bei der externen Finanzierung sind deutsche Unternehmen nach Ansicht des Verfassers traditionell sehr stark bankorientiert. Aus den in Kapitel 5.1 aufgeführten Gründen haben sich weitere Finanzierungsformen für Unternehmen als mögliche Finanzierungsquellen entwickelt. Hierzu zählen: *Unternehmensanleihen, Leasing, Factoring, Mezzanine-Kapital* und der *Börsengang (IPO)*. Deshalb werden diese im folgenden Abschnitt genauer betrachtet und jeweils eine kurze Vor- und Nachteilsanalyse durchgeführt.

Die *Unternehmensanleihe* ist ein Wertpapier und ein klassisches Instrument der langfristigen Kapitalbeschaffung in Form einer Schuldverschreibung mit einem verbrieften Forderungsrecht. Anleihegläubiger stellen ein Darlehen zur Verfügung, wobei sich der Emittent verpflichtet, bei Fälligkeit den vereinbarten Betrag inklusive möglicher festgelegter Zinsen, zurückzuzahlen. Bei der Emission einer solchen Anleihe wird Fremdkapital am öffentlichen oder am privaten Kapitalmarkt von einer Vielzahl an Investoren direkt eingesammelt. Die Gestaltung der Konditionen kann, ähnlich wie bei einem Darlehen, flexibel gestaltet werden. Ebenso können sie erstrangig oder nachrangig gegenüber den Forderungen Dritter ausgestaltet werden, wodurch sie einen mezzanine Charakter erhalten.[197]

---

195 KfW Bankengruppe (2017): S. 7.
196 KfW Bankengruppe (2017): S. 1.
197 Hochgatterer, R. et al. (2004): S. 169 ff..

Der Vorteil der Emission von Unternehmensanleihen besteht nach Ermessen des Autors vor allem in der Chance, ihre Finanzierung zu diversifizieren und unabhängiger von Banken zu werden. Ebenso können sie erste Vorbereitungen eines Börsengangs sein, da auch hier seitens der Regulierung eine erhöhte Publizität verlangt wird.[198] Dies ist wiederum nachteilig für den Emittenten, da eine höhere Publizität oft mit hohen Aufwendungen, finanziell und zeitlich, verbunden ist und die Kapitalmarktreife des Unternehmens in der Regel durch einen externen Akteur geprüft wird.[199] Diese Kosten fallen beim klassischen Darlehen für eine Unternehmensfinanzierung nicht an.

Durch *Leasingstrukturen* innerhalb der Finanzstruktur eines Unternehmens können hingegen finanzielle Freiräume für neue Produkte und Dienstleistungen geschaffen werden. Beim Leasing werden z.B. Anlagen und Maschinen nicht gekauft, sondern gegen eine Gebühr genutzt. Dies ermöglicht unter anderem eine Produktion auf dem technologisch neusten Stand sowie eine möglichst kostenarme und effiziente Arbeitsweise. Das Unternehmen benötigt somit für die Realisierung von Investitionen in technische Anlangen weder Eigenkapital, noch werden liquide Mittel im Anlagevermögen gebunden.[200] Die angesprochenen entstehenden finanziellen Freiräume können die Rentabilität des Unternehmens steigern, da das nicht gebundene Kapital rentabler eingesetzt werden kann. Zum Beispiel durch die Ausnutzung von Skonti und Rabatten für das Umlaufvermögen. Ebenso bedarf das Leasing keiner weiteren Sicherheiten und die Kreditlinie des Unternehmens bei der Hausbank bleibt unberührt. Weitere Vorteile bestehen in der beständigen Kalkulationsgrundlage durch die fixe Leasing-Rate für das Unternehmen und der Bilanzneutralität des Leasingobjektes für den Leasingnehmer.[201]

Nachteilig ist jedoch, dass bei finanziellen Engpässen der Leasinggeber das Leasingobjekt entziehen kann, welches für das Unternehmen unter Umständen betriebsnotwendig ist.[202] Bei der klassischen Bankfinanzierung wären durch geschickte Verhandlungen gegebenenfalls Stundungen möglich, um den Engpass vorerst zu überwinden. Dies ist beim Leasing nicht üblich. Außerdem können wei-

---

[198] Kipp, V. (2014): S. 15.

[199] Kipp, V. (2014): S. 64.

[200] Vgl. Bundesverband deutscher Leasing-Unternehmen (2013).

[201] Kipp, V. (2014): S. 17.

[202] Vgl. Kreuzmair, B. & Kratzer, J. (2013).

tere Kosten anfallen, wenn der Leasingnehmer den Leasingvertrag vorzeitig beenden möchte.[203]

Hingegen werden beim *Factoring* Geldforderungen eines Unternehmens z.B. aus Waren- und/oder Dienstleistungsgeschäften an ein Factoringunternehmen verkauft. Dabei werden in der Regel 80 % des Rechnungsbetrages überwiesen. Dies bedeutet sofortige Liquidität für das forderungsverkaufende Unternehmen. Durch die Übernahme des Forderungsausfallrisikos durch das Factoringunternehmen sichert sich das Unternehmen gegen diese ab. Es wird in echtes und unechtes Factoring unterschieden. Beim echten Factoring übernimmt das Factoringunternehmen das Delkredererisiko. Factoring ohne eine solche Übernahme wird als unechtes Factoring bezeichnet. Darüber hinaus kann in offenes und stilles Factoring differenziert werden. Hierbei wird der Debitor entweder über die Abtretung und den Verkauf seiner Forderung an das Factoringunternehmen informiert (offenes Factoring) oder nicht (stilles Factoring).[204]

Der Hauptvorteil des Factorings besteht darin, dass Unternehmen ihre Außenstände abbauen können und sie kurzfristig Geld aus der Forderung erhalten. Sie erweitern ihren finanziellen Spielraum erheblich und können innerhalb eines kurzen Zeitraums die Liquidität erhöhen.[205] Dies macht nach Meinung des Autors vor allem bei stichtagsbezogenen Abschlussberichten, wie dem Jahresabschlussbericht Sinn.

Nachteilig kann das Factoring dahingehend sein, dass bei einer Auslagerung des Debitorenmanagements an das Factoringunternehmen die direkte Kommunikation mit dem Kunden abnimmt, welche vor allem für mittelständische Unternehmen einen wichtigen Wettbewerbsvorteil darstellen kann. Außerdem ist es nicht möglich, Forderungen gegen Privatpersonen durch ein Factoring-Institut abzusichern.[206]

In bestimmten modernen Branchen wird die klassische Kreditfinanzierung, aufgrund von geringen Sicherheitsvolumina, wie der Softwareentwicklung oder Biotechnologie, zunehmend nicht mehr machbar.[207] Weitere typische Situationen, in

---

[203] Kipp, V. (2014): S. 47.
[204] Kipp, V. (2014): S. 20.
[205] Vgl. Deutscher Factoring-Verband (2015).
[206] Kipp, V. (2014): S. 48.
[207] Kipp, V. (2014): S. 22.

denen eine solche Finanzierungsart problematisch werden kann, sind Wachstums- und Innovationsfinanzierungen, da Unternehmen einen zunehmenden Fokus auf ein schnelles und hohes Wachstum setzen. Wenn in solchen Fällen eine Aufstockung der Finanzierungslücke durch Eigenkapital, z.B. durch Investoren nicht gewünscht ist, kann der Einsatz von eigenkapitalähnlichen Mitteln (*mezzanine Finanzierung*), eine gute Alternative darstellen. Gründe, die gegen Eigenkapitalinvestoren sprechen, sind bspw. eine Verwässerung der bestehenden Anteilsstrukturen oder der mögliche Verlust des Familiencharakters eines mittelständischen Unternehmens.[208]

Der Begriff Mezzanine bezeichnet die finanziellen Mittel, welche zwischen Fremd- und Eigenkapital angesiedelt sind. Vorteile der Mezzanine-Finanzierung sind unter anderem, dass Gesellschafter- oder Eigentümerrechte durch die Aufnahme dieser Mittel nicht tangiert und Anteilsstrukturen nicht verwässert werden. Zudem werden nach Einschätzung des Verfassers ebenso keine Sicherheiten im Unternehmen gebunden.

Gleichwohl sind die Kosten für Nachrangdarlehen, welche Mezzanine-Kapital darstellen, höher als die Kosten einer klassischen Bankfinanzierung. Dennoch kann die Vergütung von nachrangigen Kapital handels- und steuerrechtlich als Betriebsausgabe qualifiziert werden, was das Betriebsergebnis und somit die steuerliche Belastung eines Unternehmens schmälern kann.[209]

Der Kapitalgeber erwartet jedoch detaillierte und schnelle Informationen über den Geschäftsverlauf sowie außerordentliche Aktivitäten. Das Controlling ist daher bei dieser Finanzierungsform stark gefordert.[210]

Schlussendlich wird auf den *Börsengang* als eine möglich Finanzierungsquelle eingegangen. Das Initial Public Offering (IPO) bezeichnet den erstmaligen Börsengang eines nicht börsennotierten Unternehmens.[211] Der erstmalige Gang an die Börse ist jedoch ein langwieriger Prozess. Er beginnt bei der Prüfung der Börsenreife des Unternehmens, gefolgt von der Auswahl und Aufstellung der Konsor-

---

[208] Fehr, B. (2006): S. 11.
[209] Vgl. Schröder, M. et al. (2008).
[210] Kipp, V. (2014): S. 48.
[211] Vgl. Breuer, C. et al. (2015).

tialbanken sowie der Bewertung und Präsentation des Unternehmens. Dabei müssen börsen- und aufsichtsrechtliche Voraussetzungen gegeben sein.[212]

Erfolgreiche Börsengänge setzen ebenfalls eine positive Stimmung an den entsprechenden Märkten voraus. Dafür kann unter anderen die Verwendung des Emissionserlöses von Bedeutung sein – fließen die gewonnenen Mittel in Investitionen des Unternehmens oder erhalten überwiegend die Altgesellschafter einen Großteil des Erlöses und distanzieren sich somit faktisch vom Unternehmen?[213]

Für mittelständische Unternehmen ergibt sich durch ein IPO eine gute Möglichkeit, die Eigenkapitalstruktur des Unternehmens zu stärken. Weitere Unternehmen in anderen Bereichen, wie beispielsweise der IT-Branche, haben in der Regel nur wenige Sicherheiten, wodurch ihnen eine Fremdkapitalfinanzierung erschwert wird, bzw. diese schnell an ihre Grenzen gerät. Um weiteres Wachstum dennoch finanzieren zu können, ist für diese Unternehmen daher oftmals zusätzliches Eigenkapital erforderlich. Die Aufnahme dessen kann nach Ansicht des Autors dann durch ein IPO erfolgen.

Negative Aspekte des IPO sind die damit verbundenen hohen Kosten. Für mittelständische Unternehmen bedeutet die in der Konsequenz einhergehende Publizitätspflicht oftmals eine starke Veränderung. Ebenso wird die Mitsprache durch Aktionäre im Mittelstand häufig kritisch gesehen.[214]

5.3 Gegenüberstellung der Crowdfunding-Finanzierung und der klassischen Bankfinanzierung für KMU

Um einen Vergleich zwischen der Fintech-Finanzierung und der klassischen Bankfinanzierung für KMU ziehen zu können, müssen vorerst Kriterien festgelegt und deren Vergleichbarkeit sowie Relevanz für diese Arbeit eruiert werden. Gemeinhin bieten sich, ungeachtet der jeweiligen Relevanz bzw. Vergleichbarkeit, im Ermessen des Autors zunächst folgende Kriterien an: Schnelligkeit der Kreditentscheidung seitens des Kreditgebers sowie Eingang der zur Verfügung gestellten Mittel für den Kreditnachfrager; Kosten der Finanzierung z.B. im Sinne der Höhe des Zinsaufwandes; zeitlicher Aufwand, welcher durch eine Finanzierungsanfrage

---

212 Vgl. Löhr, A. (2006).
213 Kipp, V. (2014): S. 13-14.
214 Kipp, V. (2014): S.46.

zusätzlich für den Kreditnehmer entstehen könnte, z.B. durch Zuarbeiten erforderlicher Unterlagen; ein mögliches Maximalvolumen, das der Kreditgeber bereit stellen kann; notwendige Sicherheiten, die der Kreditnehmer dem Kreditgeber hinterlegen muss; die freie oder reglementierte Verwendung des zur Verfügung gestellten Kapitales; mögliche Nachweise, die erbracht werden müssen bevor es zu einer Kreditentscheidung seitens der Kapitalgeber kommt und ob die Finanzierung mit Eigen- oder Fremdkapital stattfinden soll. Die Auflistung dieser Kriterien ist gemeinhin nicht abschließend, sondern soll beispielhaft verdeutlichen, dass ein vollumfänglicher Vergleich beider Finanzierungsmöglichkeiten für KMU eine sehr hohe Komplexität nach sich zieht. Aus diesem Grund werden im Folgenden vier Kriterien verglichen, die aus Sicht des Verfassers eine besonders hohe Relevanz für den Kreditnehmer (KMU) darstellen.

Diese sind: 1.) Kosten für das kreditnachfragende Unternehmen in Form des Zinsaufwandes, 2.) zeitlicher Aufwand, welcher durch die Zuarbeit zum Kreditgeber entstehen kann, 3.) Schnelligkeit der Kreditentscheidung sowie 4.) zu stellende Sicherheiten. Nach Meinung des Autors sind diese Kriterien gut zu vergleichen, wenngleich sie nicht optimal sind, da vor allem der Bereich des Firmenkundenkredites bei klassischen Bankinstituten wenig standardisiert ist und Produkte oftmals individuell an den Kunden angepasst werden. Dadurch ist beispielsweise eine Pauschalaussage über die Bearbeitungsdauer eines Kreditantrages nicht bzw. nur äußerst unkonkret möglich und würde somit keinen nennenswerten Mehrwert für diese Arbeit bieten.

Der Vergleich der Finanzierungsalternativen wird so gezogen, dass zunächst kurz begründet wird, welche Gründe für die Relevanz des Kriteriums aus Sicht eines KMU sprechen. Diese werden dann zunächst aus Sicht eines klassischen Kreditinstitutes und anschließend aus Sicht eines Fintechs aus dem Bereich Crowdfunding zusammengetragen.

Kosten

Der Punkt der Kosten für Unternehmen ist deshalb von besonders großer Relevanz, da nahezu jedes Unternehmen das Ziel der Gewinngenerierung hat.[215] Kosten im Sinne dieser Arbeit und im Vergleichsaspekt werden hierbei auf die Höhe der zu zahlenden Zinsen festgesetzt.

---

[215] Vgl. Helmig, B. (2016).

Um den Effektivzins zu ermitteln, welchen kreditnachfragende Unternehmen zahlen müssen, soll zu Beginn die Zusammensetzung dieses Zinses bei einem Kreditinstitut ansatzweise betrachtet werden.

Zinstragende Aktivgeschäfte erfordern in der Regel eine Refinanzierung durch die Bank. Dabei fallen unter anderem Kosten für die Liquiditätseindeckung für die Refinanzierung des Kundengeschäftes an. Für die Berechnung der Einstandszinssätze wird oftmals die Marktzinsmethode verwendet. Ein zu refinanzierendes Kundenkreditgeschäft wird hierfür mit einem Opportunitätsgeschäft verglichen. Der hierfür relevante Einstandszinssatz wird aus den aktuellen Zinssätzen vom Geld- bzw. Kapitalmarkt abgeleitet.[216] Von weiteren rechnerischen Aspekten dieser Zinskomponente wird in dieser Arbeit abgesehen.

Neben den Kosten für die Liquiditätsdeckung und die Mittelbeschaffung, entsteht für das Kreditinstitut ein erwartetes Risiko für die Verwendung der Mittel - das sogenannte „Adressausfallrisiko".[217] Dieses erwartete Risiko wird mit Hilfe der Risikomarge ebenfalls in den Kundenzins mit eingepreist. Zur Bewertung dieses Risikos werden die Kreditkunden mit internen oder externen Ratingnoten beurteilt. Diese wurden bereits in Kapitel 5.1 genauer betrachtet.

Zudem werden im Kundenzins oftmals auch Risikomargen für unerwartete Verluste aufgeschlagen. Gedanke hinter diesem Aufschlag nach den Basel-III-Bestimmungen ist, dass das Mindestverhältnis von aufsichtsrechtlichem Eigenkapital zu den risikogewichteten Aktiva eines Kreditinstitutes im Durchschnitt 8 % betragen soll. Dies wurde bereits in Kapitel 5.1 thematisiert. Neben dem hier betrachteten Adressausfallrisiko, werden z.B. auch Marktrisiken, Liquiditätsrisiken und operationale Risiken mit in die entsprechende Eigenkapitalhinterlegung einberechnet.[218]

Dies sind nur beispielhafte Komponenten der Zinsgestaltung von Kreditinstituten und können unter Banken je nach bankinternem Zinsgestaltungsprozess variieren.

Die Kosten in Form der Zinsen bei der Mittelgewinnung über Crowdfunding-Portale werden in des häufig vom mittelsuchenden Unternehmen selbst festge-

---

[216] Dember, M. (2014): S. 8 ff..
[217] Vgl. Deutsche Bundesbank (2013b).
[218] Dember, M. (2014): S. 21.

legt. Der Emittent orientiert sich bei der Zinsfestlegung an der aktuellen Marktsituation. Darüber hinaus ist die Festlegung auch von der Verwendung der Mittel abhängig. Bei einer Projektfinanzierung, wie z.B. der Immobilienprojektfinanzierung, werden diese oftmals vorrangig durch eine Bank fremdfinanziert. Die auf der Plattform eingesammelten Gelder dienen dann z.B. der Erfüllung bestimmter Eigenkapital-Quoten, die von der Bank gefordert werden könnten. Dieses Mezzanine-Kapital in Form von beispielsweise Nachrangdarlehen oder Genussrechten hat den Vorteil, dass es von der Bank als wirtschaftliches Eigenkapital bewertet wird. Der Projektbetreiber kann nach Meinung des Autors somit die Finanzierungslücke mit Hilfe der Crowd zur Entsprechung der Bankanforderungen schließen. Hierfür ist der Kreditnehmer bereit höhere Zinsen an die Crowd auszuzahlen, da er selbst kein Eigenkapital bereitstellen muss und somit liquide für die Realisierung zusätzlicher Projekte bleibt. Mögliche variierende Vergütungsmodelle auf den verschiedenen Crowdfunding-Plattformen in Form von z.B. sogenannten „Early Bird Specials", bei denen frühe Investoren einen höheren Zins erhalten, sollen im Rahmen dieser Arbeit nicht weiter betrachtet werden, da sie oft nur einen geringen Teil ausmachen.

Im privaten Peer-To-Peer-Bereich bzw. Crowdlending werden die Zinsen hingegen nicht selbst vom Emittenten festgelegt. Die Plattform Auxmoney, welches der führende deutsche Crowdlending-Anbieter ist, prüft die Kreditsuchenden durch ein mehrstufiges Bewertungssystem. Dieses bündelt nach eigenen Angaben über 300 bonitätsrelevante Merkmale des Kreditnachfragers, wie z.B. Schufa-Score, eine Auskunft der Creditreform AG, Antrags- und Verhaltensdaten sowie eventuelle Sicherheiten. Nach diesem Prozess ermittelt die Plattform ein internes Rating, welchem bestimmte Zinsober- und untergrenzen zugeordnet sind.[219] Diese reichen vom AA-Rating ab 3,95 % p.a. und stellt das bestmögliche Rating eines Kreditsuchenden dar. Das E-Rating, dessen Zins ab 16,2 % p.a. beginnt, spiegelt indes das schlechtmöglichste Rating wider. Ein Kreditsuchender mit einem X-Rating wird von der Plattform abgelehnt und hat aufgrund der fehlenden Bonität nicht die Möglichkeit Geld von der Crowd einzusammeln.[220]

Der Zins auf einer Crowdfunding-Plattform, den der Mittelsuchende zahlen muss, ist in der Regel höher als der zu zahlende Zins bei einem klassischen Bankdarle-

---

[219] Vgl. Auxmoney (2017e).
[220] Vgl. Auxmoney (2017e).

hen. Dies kann nach Ansicht des Autors unter anderem damit begründet werden, dass die Kreditinstitute das Darlehen als zu riskant bewertet hätten und das Unternehmen keinen Kredit von der Bank bekommen würde. Dieses ggfs. von der Bank identifizierte zu hohe Risiko auf eine Vielzahl von Gläubigern (die Crowd) zu verteilen ist sinnvoll, da sich der absolute mögliche Verlustbetrag für den einzelnen Anleger in Grenzen hält. Das Adressausfallrisiko wird somit breit gestreut. Eine Crowdfunding-Finanzierung ist nach Auffassung des Verfassers für KMU also dann sinnvoll, wenn diese Unternehmen kein Darlehen bei einem klassischen Kreditinstitut bereit gestellt bekommen.

Sollten KMU bei der Finanzierungssuche jedoch eine positive Kreditentscheidung von einer Bank erhalten, ist es sinnvoller sich über diese Finanzierungsquelle zu finanzieren, da sie somit oft einen geringeren Zinssatz zahlen müssen. Ein weiterer Kostenaspekt, der bei einer Crowdfunding-Finanzierung zusätzlich anfallen kann, ist die Vermittlerprovision an die jeweilige Plattform und beträgt in der Regel zwischen 7 % und 10 % des eingesammelten Betrages.[221]

Schnelligkeit

Während der Kostenaspekt gut geeignet für einen direkten Vergleich war, da sich die Zinsen zu einem Großteil am entsprechenden Risiko bemessen, welches sowohl für die Plattformen, als auch für Banken gleich bleibt, ist der Aspekt der Schnelligkeit der Kreditbearbeitung deutlich ungeeigneter für einen Vergleich. Dies kann damit begründet werden, dass die Prozesse in der Kreditbearbeitung und -entscheidung in einem Kreditinstitut andere sind, als bei einer Crowdfunding-Plattform. Darüber hinaus ist eine Pauschalaussage zur Dauer der Bearbeitung bei einer Bank aufgrund des geringen Standardisierungsgrades in der Produktlinie des Firmenkundenkredites nicht möglich. Zudem gibt es nach Ermessen des Autors unter den Kreditinstituten Unterschiede in der Produktgestaltung selbst.

Auch bei Crowdfunding-Plattformen kann dies variieren, dennoch sind die Schritte, welche zur positiven oder negativen Entscheidung über den möglichen Start einer Kampagne beitragen, übersichtlicher und standardisierter.

Der Ablauf einer solchen Kampagne soll beispielhaft anhand der Plattform Seedmatch erläutert werden, welche zu den deutschen Marktführern im Bereich

---

[221] IHK Nürnberg (2014).

Crowdfunding zählt. Die in diesem Abschnitt enthaltenen Informationen stammen zu einem Großteil aus dem Schriftwechsel mit der Firma Seedmatch und dem Verfasser dieser Arbeit.

Zunächst erfolgt die Bewerbung und Auswahl seitens des Anbieters. Hierfür muss das mittelsuchende Unternehmen eine Bewerbung dem Portal Seedmatch sowie weitere ausführliche Unterlagen zum Geschäftsmodell zukommen lassen. Diese Bewerbung wird unter Berücksichtigung der Unterlagen intern evaluiert. Bei positiver Auswertung erfolgt ein persönliches Treffen mit dem Unternehmen und Seedmatch-Mitarbeitern. Nach einer erfolgreichen Einigung werden die Online-Unterlagen, wie beispielsweise ein Video, der Businessplan und die Investment-story eingereicht und die Public-Relations(PR)-Arbeit beginnt[222], um der Kampagne die nötige soziale Reichweite zu verleihen. Diese ist für Crwodfunding-Kampagnen nach Meinung des Verfassers fundamental. Bis zum Fundingstart können nach eigenen Angaben von Seedmatch vier bis sechs Wochen vergehen. Startet die Kampagne, dauert diese in der Regel 60 Tage an und kann optional um weitere 60 Tage verlängert werden.[223] Sobald die notwendige Fundingschwelle überschritten wird, ergo ein Mindestbetrag von der Crowd eingesammelt wurde, können nach weiteren 14 Tagen die ersten Tranchen ausgezahlt werden. Wie schnell diese Fundingschwelle überschritten wird, hängt vom Erfolg der Kampagne selbst ab und kann stark variieren. Wird von einer normalen, aber dennoch erfolgreichen Kampagne ausgegangen, welche den gewünschten Betrag von der Crowd nach den vorgesehenen 60 Tagen einsammelt, dauert es für das Unternehmen in Summe zwischen 14 und 16 Wochen, bis dieses die ersten Kapitalzuflüsse über die Plattform erhält. Dies geht aus einem Schriftwechsel des Autors mit Seedmatch hervor.

Zeitlicher Aufwand

Der zeitliche Aspekt, der für KMU bei einer Finanzierung entstehen kann, ist daher von Relevanz, da ein Geschäftsführer oder ein anderer Mitarbeiter eines Unternehmens Zeit, die er mit der Zusammentragung notwendiger Unterlagen verbringt, nicht der operativen bzw. unternehmerischen Tätigkeit selbst widmen kann. Ein hoher zusätzlicher Zeitaufwand kann daher nach Auffassung des Autors das operative Geschäft eines Unternehmens bremsen. Dieser Aufwand hält sich

---

[222] Vgl. Seedmatch (2017b).
[223] Seedmatch (2017b): S. 11.

im Zuge einer Finanzierung durch eine Bank in einem überschaubaren Rahmen, da das Kreditinstitut dem Kreditnehmer eine Liste mit allen für die Kreditprüfung und –entscheidung erforderlichen Unterlagen aufstellen wird. Danach liegt es am Kreditnehmer selbst, wie schnell er diese Zuarbeit tätigt. Eine konkrete Aussage über die Höhe des Zeitaufwandes ist nach Ansicht des Verfassers nicht möglich, da es zwischen Unternehmen stark variiert, ebenso wie die erforderlichen, einzureichenden Unterlagen für die Kreditprüfung.

Im Rahmen einer Crowdfunding-Kampagne müssen neben der Zuarbeit der erforderlichen Unterlagen an die Plattform weitere Aspekte erledigt werden. Dazu gehören der Dreh eines Image-Filmes, der dem Privatanleger auf der Plattform das konkrete Anliegen sowie ein positives Image des Unternehmens vermitteln soll.[224] Je nach Länge und Aufwand, welche in die Produktion eines solchen Filmes fließen, können hier hohe Kosten anfallen und viel Zeit in Anspruch genommen werden müssen. Des Weiteren ist für eine erfolgreiche Crowdfunding-Finanzierung nach Meinung des Autors erforderlich, dass die Kampagne eine große Reichweite im Internet hat. Diese kann in der Regel schon allein anhand der Größe und Anzahl der Nutzer der Plattform selbst entstehen. Dennoch ist es nach Auffassung des Verfassers ratsam, selbst über verschiedene Online-Kanäle, wie Social-Media-Plattformen, potentielle Investoren auf die Kampagne aufmerksam zu machen. Darüber hinaus sollten während des Verlaufs der Kampagne regelmäßige Updates seitens des kampierenden Unternehmens kommuniziert werden. Zudem ist eine bilaterale Kommunikation mit den Investoren und somit potentiellen künftigen Kunden auf der Plattform von Vorteil. Der zeitliche Aufwand lässt sich auch hier nicht genau beziffern, da es vom jeweiligen Unternehmen und dessen Ambitionen in diesem Bereich abhängt. Üblicherweise kann nach Einschätzung des Autors nach dem Grundsatz „je mehr, desto besser" die Reichweite und somit ggfs. der Erfolg der Kampagne gesteigert werden.

Anhand der umfangreichen Kommunikation, welche neben der Zuarbeit notwendig ist, wird deutlich, dass der zeitliche Aufwand bei einer Crowdfunding-Kampagne für ein Unternehmen im Vergleich zur Bankfinanzierung deutlich höher ist.

---

[224] Seedmatch (2017b): S. 15.

Sicherheiten

Das Thema Sicherheiten ist dahingehend relevant für mittelsuchende Unternehmen, da zu stellende Sicherheiten nach Einschätzung des Autors, mit Ausnahme von Bürgschaften oder Garantien, Kapital längerfristig binden und es somit nicht mehr zur freien Verfügung des Unternehmens vorhanden ist.

Klassische Kreditinstitute verlangen bei der Darlehensvergabe in der Regel Sicherheiten. Dies ist für viele Unternehmen unkompliziert, wenn sie z.B. Kredite für die Investition in Maschinen und Anlagen suchen, da die zu stellende Sicherheit oft das zu finanzierende Objekt selbst ist. Suchen Unternehmen jedoch Kredite für Wachstum oder Innovation, bei denen keine konkreten Objekte finanziert werden, kann es für das Unternehmen schwieriger sein Sicherheiten zu hinterlegen, vor allem dann, wenn die technischen Anlagen zu einem großen Teil bereits fremdfinanziert sind und/oder diese entsprechend bereits als Sicherheit hinterlegt wurden. Ferner ist in der Vergangenheit zu beobachten, dass junge Unternehmen, welche im IT-Bereich operativ tätig sind, nur begrenzt Sicherheiten stellen können.[225] Dies kann daran liegen, dass sie kein nennenswertes Firmenvermögen in Form von z.B. technischen Anlagen besitzen. Vielmehr verfügen diese oft lediglich über Firmencomputer, -laptops und ähnliches. Gerade für diese Firmen ist das Thema der Hinterlegung von Sicherheiten bei einer Finanzierung enorm wichtig, da dieses Kriterium in vielen Fällen der Grund sein kann, dass eine Fremdfinanzierung durch eine Bank abgelehnt wird. Häufig sind diese Unternehmen nach Ansicht des Autors dann auf anderweitiges Kapital, wie Venture Capital, angewiesen.[226]

Beim Crowdfunding werden, mit Ausnahme des Crowdlendings, keine Sicherheiten verlangt. In der Regel findet Crowdlending allerdings auf privater Ebene statt.

Die Privatinvestoren erhalten für ihre Gelder oftmals andere Gegenleistungen, wie z.B. die namentliche Nennung im Abspann des finanzierten Filmes.[227] In vielen Fällen können die Kleininvestoren allerdings mit ihrer Investition ein noch zu entwickelndes Produkt vorbestellen.[228] Das investierte Geld ist dann eine Art Vo-

---

225 Vgl. Kipp, V. (2014).

226 Vgl. Dorfleitner, G. & Hornuf, L. (2016).

227 So z.B. bei der Finanzierung des Filmes „Stromberg – Der Film" im Jahr 2011 (Vgl. Crowdfunding.de (2011)).

228 So. z.B. bei der Finanzierung des WINGStands auf Kickstarter (Vgl. Kickstarter (2011)).

rauszahlung und hilft dem Unternehmen wiederum mit dem finanziellen Vorlauf arbeiten zu können. Dennoch ist es damit verpflichtet, die Gegenleistung in Form des Produktes zu liefern. Dies ist jedoch nach Meinung des Verfassers keine Form der Sicherheit, die gestellt werden muss.

Unter dem Aspekt Sicherheiten ist daher nach Auffassung des Autors das Crowdfunding für mittelsuchende Unternehmen sinnvoll, welche Schwierigkeiten haben Sicherheiten zu stellen. Dies kann bspw. Firmen aus der IT-Branche oder Existenzgründer betreffen, welche nur über wenig materiellem Firmenvermögen verfügen.

6 Fazit

Der Finanzmarkt, welcher sich über Jahre hinweg als relativ ruhiges und sicheres Marktumfeld erwies, gerät durch die jungen Fintech-Unternehmen rasant in Bewegung. Diese bieten innovative und kundenorientierte Lösungen an und gewinnen damit zunehmend mehr Marktanteile. Möglich wurde dies vor allem durch die Diffusion der Informationstechnologie in sämtliche Bereiche des Lebens. Demnach steht nicht nur die Finanzwelt, aber gerade diese, vor einer disruptiven Veränderung. Weg vom Offlinegeschäft in den Filialen, hin zu Onlinekanälen und kundenfreundlichen Applikationen und anderen Anwendungen, mit denen sämtliche Finanztransaktionen von überall aus - bestenfalls auch mobil und innerhalb kürzester Zeit, erledigt werden können. Weg von Kreditanträgen, deren Entscheidungen sich wochenlang hinziehen können, hin zu Plattformen und Portalen, die nach Eingabe aller erforderlichen Informationen in eine Selbstauskunftssoftware in Echtzeit eine Kreditentscheidung und die entsprechenden Darlehenskonditionen mitteilen können. Das wünscht sich der Markt und das wird nach Meinung des Autors die Zukunft sein, ganz nach dem Zitat „banking is necessary, banks are not" von Bill Gates.

Als kundenorientierte Entwicklung aus der Finanzwelt ist die Etablierung von Crowdfunding-Plattformen zu nennen. Auf diesen können kapitalsuchende Unternehmen über einen öffentlichen Aufruf online Geld von einer Vielzahl von Menschen (der Crowd) einsammeln. Diese Form der Finanzierungsquelle läuft für Unternehmen ohne die Eingliederung von Banken als Intermediäre in den Mittelbeschaffungsprozess ab.

Die Vorteile des Crowdfundings liegen auf der Hand: Unternehmen sehen sich selbst nicht mehr in asymmetrischen Verhandlungspositionen mit den Geldgebern - den Banken, wieder; sie können Kapital erhalten für das sie keine Sicherheiten stellen müssen und gegebenenfalls nicht einmal zur Rückzahlung verpflichtet sind; sie können direktes Feedback und Reaktionen der Kleininvestoren erhalten, welche auch potentielle künftige Kunden ihres Unternehmens darstellen; bei einer durchdachten Online-Kommunikations-Strategie können Crowdfunding-Kampagnen über soziale Medien viral gehen[229], was viele Investoren an-

---

[229] viral gehen – stammt aus dem Englischen „to go viral" und bedeutet, dass ins Internet verschobene Botschaften (Bilder, Videos, Sprüche, etc.) von selbst einen sich exponentiell vergrößernden Empfängerkreis finden, indem sie an einzelne Personen verschickt werden und

lockt und eine Möglichkeit darstellt, ein möglichst positives Image zu etablieren. Diese Auflistung ist nur beispielhaft und nicht abschließend.

Für die vielen Privatanleger des Crowdfundings ist es darüber hinaus eine gute Möglichkeit, das Risiko der persönlichen Vermögensanlage zu diversifizieren und der Niedrigzinspolitik der EZB zu trotzen. Wieso nicht einen kleinen Teil des Vermögens mittels Crowdinvesting oder Crowdfundings in Start-Ups investieren und möglicherweise von deren zukünftiger Entwicklung profitieren? Vielleicht ist das nächste Apple, Google oder ein anderes Unicorn[230]-Unternehmen dabei?

Crowdfunding-Kampagnen verlaufen jedoch bei weitem nicht für jedes Unternehmen erfolgreich ab, im Gegenteil. Laut Kickstarter, dem weltweiten Marktführer in diesem Bereich, haben lediglich 35,83 % aller dort gestarteten Projekte Erfolg.[231] Erfolg ist hierbei mit der Erfüllung der entsprechenden Fundingschwelle definiert, die zur Auszahlung der zur Verfügung gestellten Mittel von der Crowd führt.

Bei Betrachtung der vergangenen Entwicklung des spenden- und gegenleistungsbasierten Crowdfundings, Crowdinvestings sowie Crowdlendings, scheint der Markt hierfür bei weitem noch nicht gesättigt zu sein. Mit durchschnittlichen jährlichen Wachstumsraten von 148 %, 220 % und 95 % wachsen diese Märkte rasant und gewinnen stetig an Zuspruch seitens der Privatanleger. Allein durch die Betrachtung der Entwicklung des vermittelten Kapitals im Bereich Crowdlending wird deutlich, dass in diesem Markt weiterhin mit einem hohen Wachstum zu rechnen ist. Dort vervierfachte sich beinahe das vermittelte Kapital innerhalb eines Jahres – von 49 Millionen EUR im Jahr 2014 auf 190 Millionen EUR im Jahr 2015.[232]

Crowdfunding wird nach Ansicht des Autors in Zukunft eine zunehmend wichtigere Rolle in der Unternehmensfinanzierung spielen. Bisher ist es vor allem im Bereich Crowdlending sehr erfolgreich, da dort das absolute Marktvolumen am

---

diese sie wiederum an weitere Personen weiterschicken. Weil die Verbreitung als Kettenreaktion und mit permanenter, virtueller Vervielfältigung funktioniert, wurde sie mit einer Virusinfektion verglichen und mit dem entsprechenden englischen Adjektiv ("viral") charakterisiert. (Vgl. Lektorat-online.at).

[230] Als Unicorns werden Unternehmen bezeichnet, deren Unternehmensbewertung über 1 Milliarde USD liegt.

[231] Vgl. Kickstarter (2016b).

[232] G. Dorfleitner & L. Hornuf (2016): S. 32.

höchsten ist. Dies zielt allerdings vorrangig auf das Peer-To-Peer-Lending, ergo den privaten Sektor ab. Doch auch für KMU ergeben sich durch die Fintechs eine Vielzahl an zusätzlichen Möglichkeiten zur Finanzierung.

Es wird aus Sicht des Verfassers vor allem für KMU, deren Finanzierungsklima sich in der Vergangenheit nachweislich verschlechterte, von Relevanz sein. Nicht zuletzt auch aufgrund der Basel-III-Bestimmungen, wodurch Banken gezwungen sind Darlehen restriktiver zu geben.

Crowdfunding bietet daher eine sehr gute Finanzierungsalternative und eignet sich, Finanzierungslücken zu schließen, welche im Rahmen von geforderten Eigenkapital-Quoten seitens der Kreditinstitute entstehen können. Somit bleiben Unternehmen ihrer beliebtesten Finanzierungsquelle, dem Bankendarlehen, weiterhin treu.

Dies hat auch einen entscheidenden Vorteil für Banken. Diese müssen das entsprechende vermittelte Darlehen gemäß Basel-III mit weniger Eigenkapital hinterlegen. Die Angebote der Fintechs werden daher die Beziehungen von KMU zu ihren Hausbanken noch nicht vollständig beenden, stellen allerdings aus Sicht des Autors eine sinnvolle Ergänzung der Finanzierungsstruktur von Unternehmen dar.

Ein konkreter Vergleich zwischen einer Crowdfunding-Finanzierung und einer klassischen Bankfinanzierung für KMU wurde in dieser Arbeit unter den vier Kriterien (1) Kosten, (2) Schnelligkeit, (3) zeitlicher Aufwand und (4) Sicherheiten gezogen. In diesem Zusammenhang ist es nach Meinung des Autors sinnvoll zusätzliche Untersuchungen anzustellen, die weitere Vergleichskriterien, wie bspw. die Sinnhaftigkeit einer Finanzierung in Form von Eigen- oder Fremdkapital für KMU berücksichtigen.

Nach Ansicht des Verfassers eignet sich Crowdfunding besonders gut für junge Unternehmen, die Kapital benötigen, um ihr zukünftiges Produkt zu entwickeln, zu vermarkten oder zu vertreiben. Zudem kann es sehr sinnvoll für IT-Unternehmen sein, welchen es aufgrund ihrer Firmenstruktur nicht oder nur in einem bestimmten Maß möglich ist, Sicherheiten zu stellen. Auch eignet es sich für junge Start-Ups besonders gut, da diese die Möglichkeit haben, vor und während des Verlaufes ihrer Crowdfunding-Kampagne über das Internet ein möglichst positives Unternehmensimage zu vermitteln und mit ihren potentiellen Kunden zu interagieren.

Mittlere, bereits etablierte Unternehmen haben hingegen eine Historie und entsprechend auch ein Image. Sollte dies ein negatives sein, ist es für diese Unternehmen nach Ermessen des Autors schwieriger über Crowdfunding-Plattformen Kapital zu sammeln. Auch ist der Aspekt der Planungssicherheit für sie ein fundamentaler. Sie können sich nicht darauf verlassen, ob eine Crowdfunding-Kampagne positiv verlaufen wird oder nicht und das Risiko eingehen, schlussendlich kein benötigtes Kapital zu erhalten, da ihre Kampagne die Fundingschwelle nicht erreichte.

Die abschließende Meinung des Autors, ob das Crowdfunding eine Alternative zur klassischen Bankfinanzierung sein kann, tendiert aus den aufgeführten Gründen dazu, dass es sich für junge Start-Ups und Existenzgründer als äußerst sinnvoll erweist. Für mittlere Unternehmen ergeben sich durch das Crowdfunding in erster Linie Möglichkeiten, das Unternehmensrating bei der Bank zu verbessern. Dennoch kann es bei geschickter Kommunikationsstrategie auch eine Alternative zur vollumfänglichen Finanzierung sein. Erfolgreiche Beispiele für mittlere Unternehmen, die auf einer Crowdfunding-Plattform Kapital einsammeln konnten, sind: die Doms- Kabel und Kanalbau GmbH, ein Tiefbauunternehmen, das mittels Crowdfunding 25.000 EUR für den Erwerb einer neuen Maschine kollektivierte oder die KüchenFab Company GmbH, die für 125.000 EUR eine neue IT-Infrastruktur sowie die Eröffnung eines neuen Showrooms mithilfe der Crowd finanzierte.[233]

---

[233] Vgl. IHK Nürnberg 2014.

Anhang

Die Funktionen des Geldes im Überblick

Zahlungsmittel	Recheneinheit	Wertaufbewahrungsmittel
Geld erleichtert den Warentausch. Auch Finanztransaktionen wie die Vergabe von Krediten sind möglich.	Güterwerte lassen sich in einer Bezugsgröße ausdrücken und vergleichen. Geld fungiert als Wertmaßstab.	Gelderwerb und Geldausgabe können zeitlich auseinanderfallen. Sparen ist möglich.

Um diese Funktionen erfüllen zu können, muss der Gegenstand, der als Geld verwendet wird, gut teilbar, wertbeständig und allgemein akzeptiert sein.

Abbildung 1 Funktionen des Geldes
Source: Deutsche Bundesbank: Geld und Geldpolitik (2015): S. 10

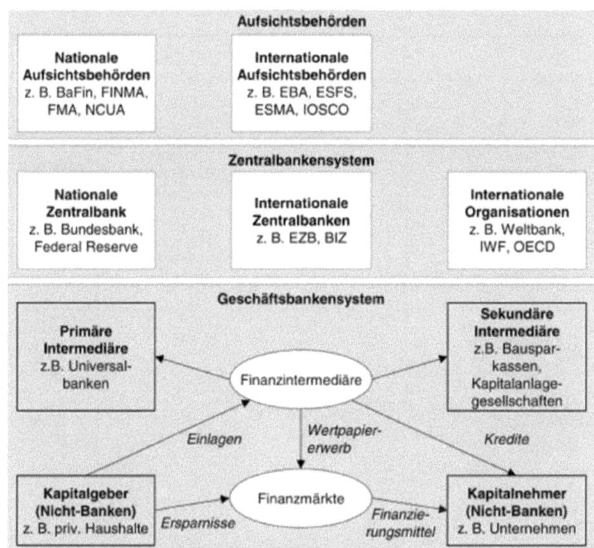

Abbildung 2 Prinzipien von Bankensystemen
Source: R. Alt & T. Puschmann (2016): Digitalisierung der Finanzindustrie: Grundlagen der Fintech-Evolution, S. 12

Regulierungsbereich	Beispiele
Steuern	AIA, FATCA
Eigenmittel	BASEL III, CRD IV/CRR I
Compliance	Sonderprüfungen Geldwäschegesetz
Rechnungslegung	IFRS-Neuerungen
Risikomanagement	FINMA Rundschreiben 2008/21, Fundamental Review of the Trading Book, 4. MaRisk-Novelle, MiFID 2
Zahlungsverkehr	SEPA, PSD
Anlagegeschäft	Anlegerschutz (insbes. WpHG), EMIR, FIDLEG, MiFID 2, Zinsänderungsrisiko im Anlagebuch, TARGET2, SFAMA
Kreditgeschäft	Bankenabgabe, Recovery & Resolution Plan / MaSan (Mindestanforderungen an Sanierungspläne)
Andere sowie übergreifend	Dodd-Frank Act, EBA-/ESMA-Standards, Prüfungen nach § 44 KWG, SFAMA, Meldewesen der EU (z. B. FINREP, COREP)

Abbildung 3 Bereiche der Regulierung mit Beispielen
Source: R. Alt & T. Puschmann (2016): Digitalisierung der Finanzindustrie: Grundlagen der Fintech-Evolution, S. 12

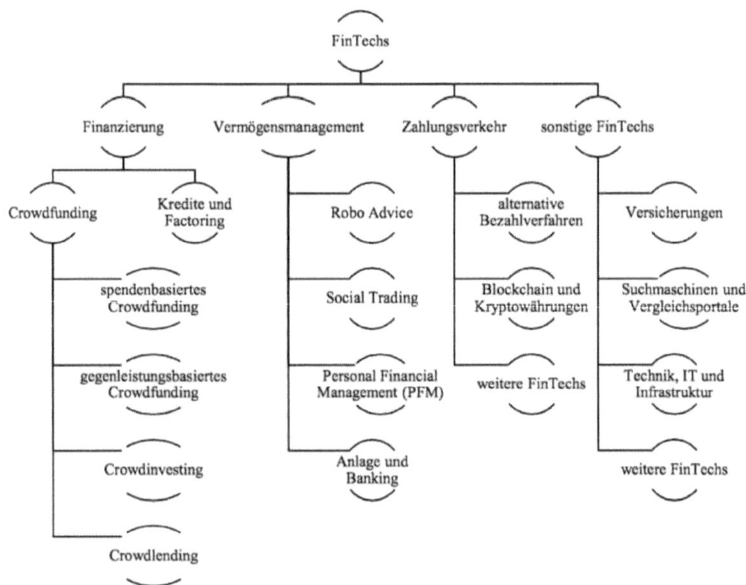

Abbildung 4 Segmente der Fintech-Branche
Source: G. Dorfleitner & L. Hornuf (2016): FinTech-Markt in Deutschland, S. 11

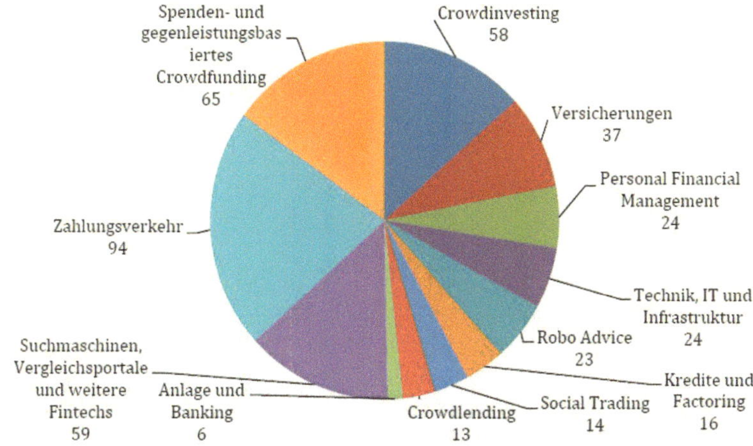

Abbildung 5 Anzahl deutscher Fintech-Unternehmen

Source: G. Dorfleitner & L. Hornuf (2016): FinTech-Markt in Deutschland, S. 16

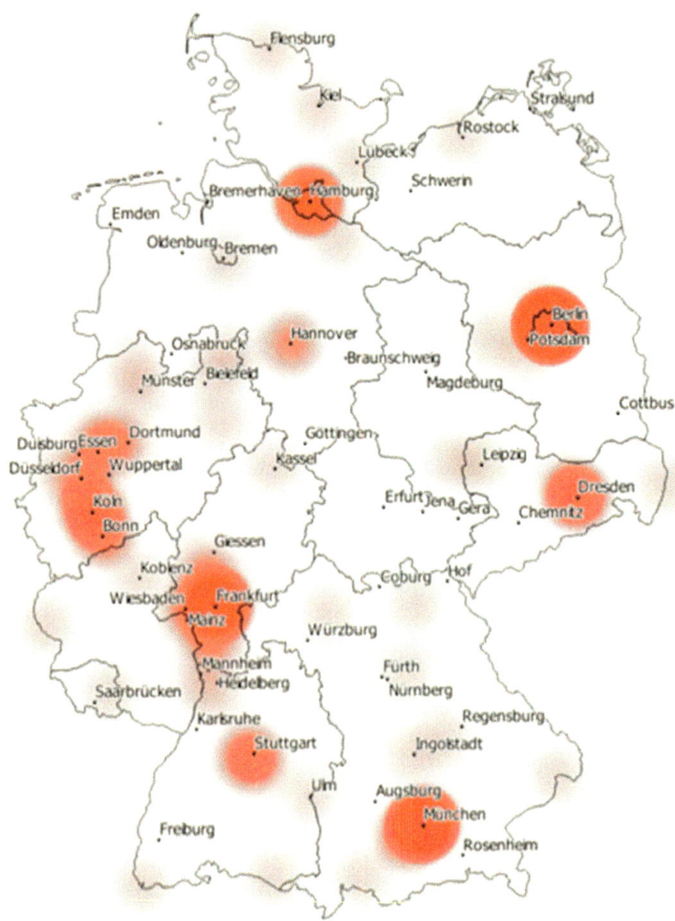

Abbildung 6 Geografische Verteilung deutscher Fintech-Unternehmen
Source: G. Dorfleitner & L. Hornuf (2016): FinTech-Markt in Deutschland, S. 3

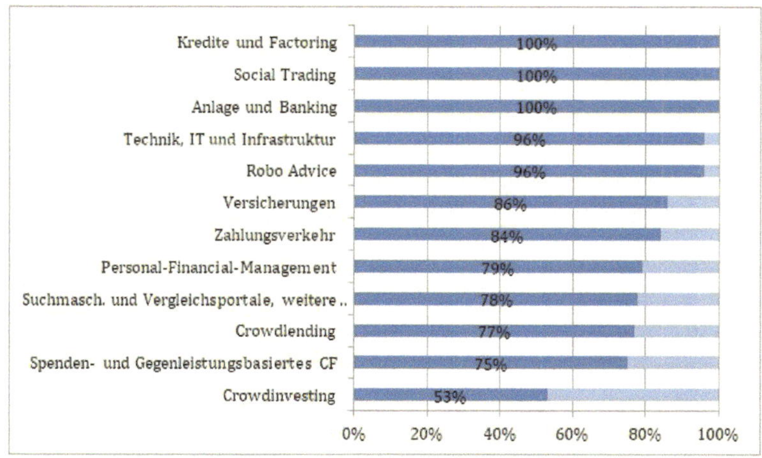

Abbildung 7 Anteil der im Jahr 2015 aktiven Fintech-Unternehmen
Source: G. Dorfleitner & L. Hornuf (2016): FinTech-Markt in Deutschland, S. 17

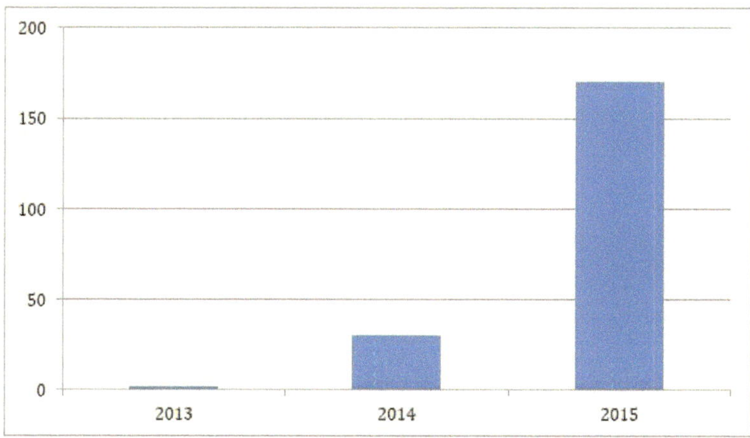

Abbildung 8 Verwaltetes Vermögen im Teilsegment Robo Advice (in MEUR)
Source: G. Dorfleitner & L. Hornuf (2016): FinTech-Markt in Deutschland, S. 40

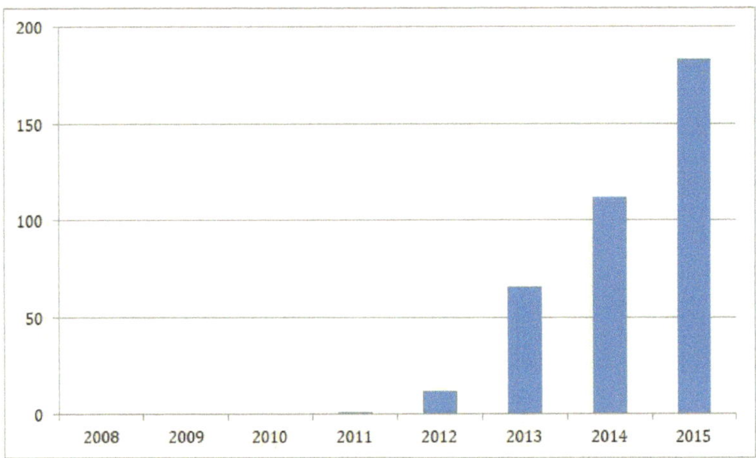

Abbildung 9 Verwaltetes Vermögen im Teilsegment Social Trading (in MEUR)
Source: G. Dorfleitner & L. Hornuf (2016): FinTech-Markt in Deutschland, S. 38

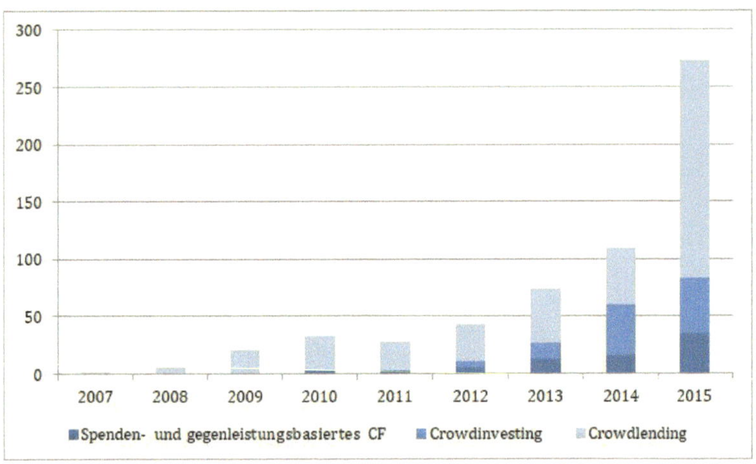

Abbildung 10 Eingesammeltes Kapital im Teilsegment Crowdfunding (in MEUR)
Source: G. Dorfleitner & L. Hornuf (2016): FinTech-Markt in Deutschland, S. 21

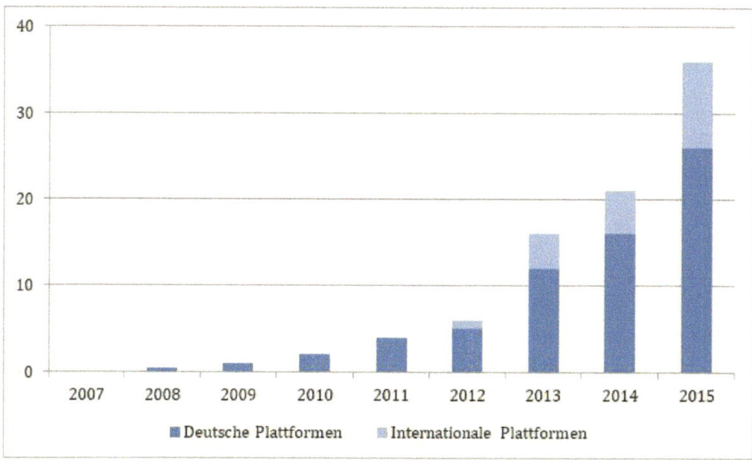

Abbildung 11 Eingesammeltes Kapital im Teilsegment spenden- und gegenleistungsbasiertes Crowdfunding (in MEUR)
Source: G. Dorfleitner & L. Hornuf (2016): FinTech-Markt in Deutschland, S. 22

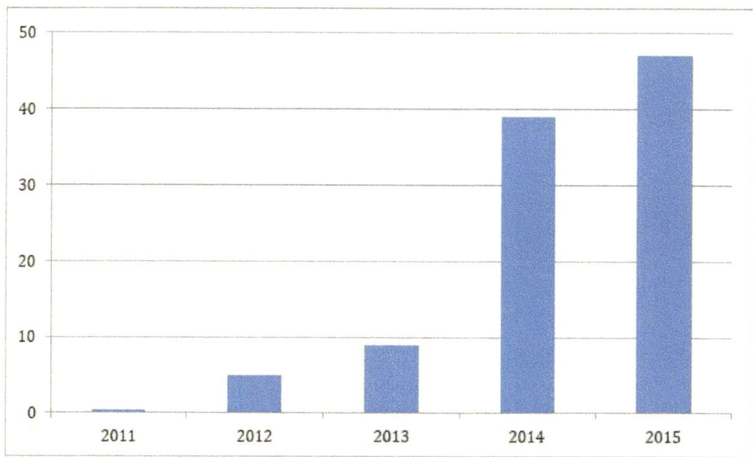

Abbildung 12 Erfolgreich eingesammeltes Kapital im Teilsegment Crowdinvesting (in
MEUR)
Source: G. Dorfleitner & L. Hornuf (2016): FinTech-Markt in Deutschland, S. 27

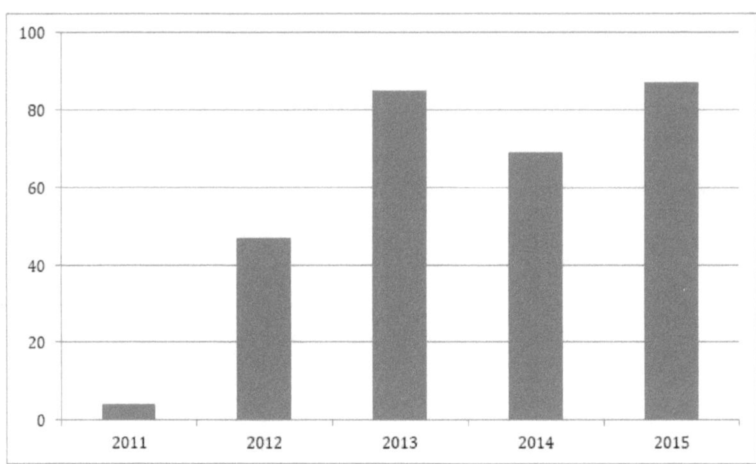

Abbildung 13 Anzahl erfolgreich finanzierter Kampagnen im Teilsegment Crowdinvesting
Source: G. Dorfleitner & L. Hornuf (2016): FinTech-Markt in Deutschland, S. 29

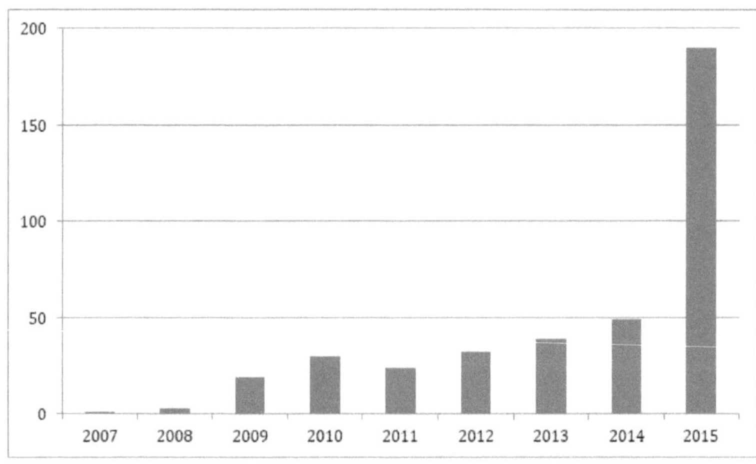

Abbildung 14 Eingesammeltes Kapital im Teilsegment Crowdlending (in MEUR)
Source: G. Dorfleitner & L. Hornuf (2016): FinTech-Markt in Deutschland, S. 32

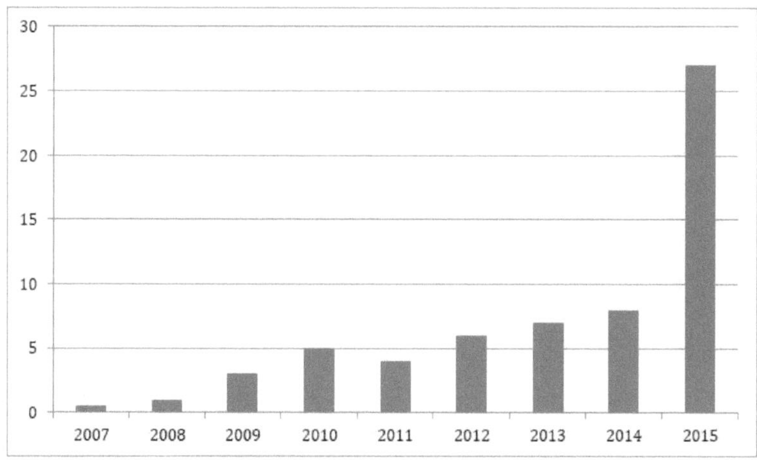

Abbildung 15 Anzahl erfolgreich finanzierter Darlehen im Teilsegment Crowdlending (in Tausend)

Source: G. Dorfleitner & L. Hornuf (2016): FinTech-Markt in Deutschland, S. 34

Quellenverzeichnis

Alt, R. & Puschmann, T. (2016): Digitalisierung der Finanzindustrie, 1. Auflage, Leipzig und Zürich, 2016

Alt, R. & Zerndt, T. (2009): Transformation durch Sourcing bei Banken, Berlin, 2009

Andreoni, J. (1989): Applications to Charity and Ricardian Equivalence, in: The Journal of Political Economy, Volume 97, Issue 6, 1989

Auxmoney (2017a): Das ist Auxmoney, online unter: https://www.auxmoney.com/infos/ueber-uns, abgerufen am 19.06.17

Auxmoney (2017b): Kreditprojekte nach Verwendungszweck, online unter: https://www.auxmoney.com/infos/statistiken, abgerufen am 19.06.17

Auxmoney (2017c): Rendite mit auxmoney im Überblick, online unter: https://www.auxmoney.com/kredit/geldanlage-rendite.html, abgerufen am 19.06.17

Auxmoney (2017d): Wie viel Rendite darf es sein?, online unter: https://www.auxmoney.com/infos/rendite-und-gebuehren, abgerufen am 19.06.17

Auxmoney (2017e): Bonitätsinformationen, online unter: https://www.auxmoney.com/infos/bonitaetsinformationen, abgerufen am 01.08.17

Auxmoney (2016): Ungebremstes Wachstum: auxmoney verdreifacht Kreditvolumen in 2015, online unter: https://auxmoney.com/presse/ungebremstes-wachstum-auxmoney-verdreifacht-kreditvolumen-in-2015, abgerufen am 19.06.17

Backhaus, K. (2003): Industriegütermarketing, München, 2003

BaFin (2014): Crowdfunding: Aufsichtsrechtliche Pflichten und Verantwortung des Anlegers, Autor: V. Müller-Schmale, online unter: https://www.bafin.de/SharedDocs/Veroeffentlichungen/DE/Fachartikel/2014/fa_bj_1406_crowdfunding.html;jsessionid=361DB806B3A32B4F04 47E73D562CA3E7.1_cid381, herausgegeben am 02.06.14, abgerufen am 12.06.17

BaFin (2016a): FinTechs: Junge IT-Unternehmen auf dem Finanzmarkt, Autor: W. Danker, online unter: https://www.bafin.de/SharedDocs/Veroeffentlichungen/DE/Fachartikel/ 2016/fa_bj_1601_fintechs.html, herausgegeben am 15.01.2016, abgerufen am 12.06.17

BaFin (2016b): Virtuelle Währungen / Virtual Currency (VC), Autor: unbekannt, online unter: https://www.bafin.de/DE/Aufsicht/FinTech/VirtualCurrency/virtual_cur rency_artikel.html, abgerufen am 12.06.17

BaFin (2016c): Crowdfunding, online unter: https://www.bafin.de/DE/Verbraucher/GeldanlageWertpapiere/Investie ren/Crowdfunding/crowdfunding_node.html, abgerufen am 15.06.17

BaFin (2016d): Zulassung von Banken und Finanzdienstleistern sowie von Zahlungs- und E-Geldinstituten, online unter: https://www.bafin.de/DE/Aufsicht/BankenFinanzdienstleister/Zulassun g/zulassung_node.html, abgerufen am 03.07.17

Bankenverband (2015): Zahlen, Daten, Fakten der Kreditwirtschaft, Berlin: Bundesverband deutscher Banken e.V., 2014

Banking Innovation (2016): online unter: http://banking-innovation.org, Stand 01/2016

BCG (2013): BCG Retail Banking Performance Index, Boston: The Boston Consulting Group, 2013

Beck, R. (2014): Crowdinvesting – die Investition der Vielen, 3. Auflage, 2012

Becker, B. & Müller, S. (2003): Implikationen der Rating-gestützten Kreditvergabe für mittelständische Unternehmen, Controlling Heft 10, 2003

Belleflamme, P. et al. (2013): Crowdfunding: Tapping the right crowd, 2013

Bender, K. (2004): Geldmacher. Das geheimste Gewerbe der Welt, Weinheim, 2004

Bergfürst (2013): Urbanara Home AG, online unter: https://de.bergfuerst.com/unternehmen/urbanara, abgerufen am 19.06.17

BIS (2014): Geschäftsmodelle von Banken, online unter:
http://www.bis.org/publ/qtrpdf/r_qt1412g_de.pdf, abgerufen am
06.07.17

Blockchaininfo (2017a): Bitcoin Market Price (USD), online unter:
https://blockchain.info/de/charts/market-price, abgerufen am 08.08.17

Blockchaininfo (2017b): Bitcoin Market Price (USD), online unter:
https://blockchain.info/de/charts/market-price, abgerufen am 14.08.17

Boelcke, W. (1986): Der Schwarzmarkt 1945 – 1948: Vom Überleben nach dem
Kriege, 1986

Böhme, R. et al. (2015): Bitcoin: Economics, Technology, and Governance, Journal of Economic Perspectives, Volume 29, Number 2, 2015, Pages 213-238

Born, K. (1995): Die Entwicklung der Banknote vom „Zettel" zum gesetzlichen
Zahlungsmittel, 1972

bpb Brexit (2016): Der Brexit und die britische Sonderrolle, online unter:
http://www.bpb.de/internationales/europa/brexit/, abgerufen am
13.06.17, Bonn: Bundeszentrale für politische Bildung

bpb Währungsreformen (2013): Währung/Währungsreformen, online unter:
http://www.bpb.de/nachschlagen/lexika/handwoerterbuch-politisches-
system/202207/waehrung-waehrungsreformen?p=all, abgerufen am
07.08.17,

Bradford, C. (2012): Crowdfunding and the Federal Security Laws, Nebraska –
Lincoln, 2012

Breuer, C. et al. (2015): Gabler Wirtschaftslexikon, Stichwort: IPO, online unter:
http://wirtschaftslexikon.gabler.de/Archiv/1591/ipo-v15.html, abgerufen am 15.08.17

Budzinski, O. (2016a): Gabler Wirtschaftslexikon, Stichwort: Geld, online unter:
http://wirtschaftslexikon.gabler.de/Archiv/1597/geld-v9.html, abgerufen
am 07.08.17

Budzinski, O. (2016b): Gabler Wirtschaftslexikon, Stichwort: Naturalgeld, online unter: http://wirtschaftslexikon.gabler.de/Archiv/13133/naturalgeld-
v8.html, abgerufen am 15.08.17

Bundesministerium für Finanzen (2016a): BMF gründet FinTechRat, online unter: http://www.bundesfinanzministerium.de/Content/DE/Pressemitteilunge n/Finanzpolitik/2017/03/2017-03-22-pm-fintech.html, abgerufen am 13.06.17, Berlin: Bundesministerium für Finanzen

Bundesministerium für Finanzen (2016b): Mitglieder FinTechRat, online unter: http://www.bundesfinanzministerium.de/Content/DE/Pressemitteilunge n/Finanzpolitik/2017/03/2017-03-22-FinTechRat-Anlage.pdf; jsessionid=A03D5CFE77E484C57EE73AC09B36D30B?_blob =publicationFile&v=2, abgerufen am 13.06.17, Berlin: Bundesministerium für Finanzen

Bundesministerium für Finanzen (2013): Was ist Basel III?, online unter: http://www.bundesfinanzministerium.de/Content/DE/Standardartikel/S ervice/Einfach_erklaert/2010-11-04-einfach-erklaert-basel-III-flash-infografik.html, abgerufen am 24.07.17

Bundesverband deutscher Leasing-Unternehmen (2013): Leasing-Vorteile, on-line unter: https://bdl.leasingverband.de/leasing/leasing-vorteile/, abge-rufen am 24.07.17

CERN (2013): The birth of the web, online unter: http://cds.cern.ch/record/1998446, abgerufen am 06.06.17

CoinMarketCap (2016): Crypto-Currency Market Capitalizations, vom 30.03.16, online unter: https://coinmarketcap.com/currencies/views/all/, abgeru-fen am 30.06.16

Companisto (2015): Weissenhaus – Zusammenfassung, online unter: https://www.companisto.com/de/investment/weissenhaus, abgerufen am 19.06.17

Companisto (2017): Bei Startup-Investments, online unter: https://www.companisto.com/de/investment-model, abgerufen am 19.06.17

Crowdfunding.de (2011): Best Practice: Stromberg - Der Film, online unter: https://www.crowdfunding.de/best-practice-stromberg-der-film/, abge-rufen am 14.08.17

Crowdfunding.de (2017): Was ist Crowdfunding, online unter: https://www.crowdfunding.de/was-ist-crowdfunding/, abgerufen am 08.08.17

Dapp, T. (2015): Fintech reloaded – Die Bank als digitales Ökosystem, Deutsche Bank Research, Frankfurt, 2015

de Zoeten, R. et al. (1999): Industrial Marketing – Praxis des Business-to-Business-Geschäfts, Stuttgart, 1999

Debitos (2017a): Die Deboitos Geschichte, online unter: https://debitos.com/Static/75/Unternehmen, abgerufen am 19.06.17

Debitos (2017b): Debitos, online unter: https://debitos.com, abgerufen am 19.06.17

Dember, M. (2014): Ermittlung des Darlehenszines: Theorie und Praxis mit Anwendungsbeispielen, Landesbank Hessen-Thüringen, 2014, online unter: https://werde-aktuar.de/Documents/ 2014_Dember%20Präsentation%20Darlehenszins.pdf, abgerufen am 07.08.17

Deutsche Bundesbank (2015a): Geld und Geldpolitik, Frankfurt am Main: Deutsche Bundesbank, 2015

Deutsche Bundesbank (2014): Das Buchgeld – Messung der Geldmenge, online unter: https://www.bundesbank.de/Redaktion/DE/Dossier/Service/schule_und _bildung_kapitel_3.html?notFirst=true&docId=147672#doc147672bodyT ext1, abgerufen am 03.07.17

Deutsche Bundesbank (2015b): Bankstellenbericht 2013 – Entwicklung des Bankstellennetzes im Jahr 2014, Frankfurt am Main: Deutsche Bundesbank, 2015

Deutsche Bundesbank (2013a): Basel III, online unter: https://www.bundesbank.de/Navigation/DE/Aufgaben/Bankenaufsicht/ Basel3/basel3.html, abgerufen am 15.08.17

Deutsche Bundesbank (2013b): Adressausfallrisiken, online unter: https://www.bundesbank.de/Navigation/DE/Aufgaben/Bankenaufsicht/ Solvabilitaet/Adressrisiken/adressrisiken.html, abgerufen am 10.08.17

Deutsche Mikroinvest (2017): Kleinanlegerschutzgesetz und Bereichsausnahmen. Stand 09.07.2015, online unter: https://www.deutsche-mikroinvest.de/kleinanlegerschutzgesetz-09072015, abgerufen am 19.06.17

Deutscher Bundestag, WD (2009): Bankensystem und Bankenaufsicht in Deutschland, 2009, Wissenschaftliche Dienste des Deutschen Bundestages

Deutscher Factoring-Verband (2015): Vorteile des Factorings, online unter: http://www.factoring.de/vorteile-des-factorings, abgerufen am 15.08.17

Dorfleitner, G. et al. (2016a): To follow or not to follow? Eine empirische Analyse der Renditen von Akteuren auf Social-Trading-Plattformen, Bonn: 2. Platz des Postbank Finance Awards, 2016

Dorfleitner, G. et al. (2016b): Description-text related soft information in peer-to-peer lending – Evidence from two leading European platforms, Journal of Banking and Finance, Seite 169-187, 2016

Dorfleitner, G. & Hornuf, L. (2016): FinTech-Markt in Deutschland; Abschlussbericht 17. Oktober 2016, 2016

Doering, P. et al. (2015): A Primer on Social Trading Networks – Institutional Aspects and Empirical Evidence, Bochum, 2015

Duden Bank (2017): Duden, Stichwort: Bank, online unter: http://www.duden.de/node/666577/revisions/1376621/view, abgerufen am 07.08.17

Duden Geld (2017): Duden, Stichwort: Geld, online unter: http://www.duden.de/node/665559/revisions/1389176/view, abgerufen am 15.08.17

Europäische Kommission (2016): Commission Staff Working Document: Crowdfunding in the EU Capital Markets Union, online unter: http://ec.europa.eu/transparency/regdoc/rep/10102/2016/EN/10102-2016-154-EN-F1-1.PDF, abgerufen am 13.06.17, Brüssel: Europäische Kommission

EZB (2017): Aufgaben, online unter: https://www.ecb.europa.eu/ecb/tasks/html/index.de.html, abgerufen am 03.07.17

FCA (2015): Regulatory Sandbox, London: Financial Conduct Authority, online unter: https://www.fca.org.uk/publication/research/regulatory-sandbox.pdf, abgerufen am 13.06.17

Fehr, B. (2006): Mezzanine und die deutsche Malaise, in: FAZ vom 04.08.06, online unter: http://bit.ly/2upRgcP, S. 11

FINMA (2016): FINMA reduces obstacles to FinTech, online unter: https://www.finma.ch/en/news/2016/03/20160317-mm-FinTech, abgerufen am 13.06.17, Bern: Swiss Financial Market Supervisory Authority

FunderNation (2015): SpreeSide Residenz, online unter: https://www.fundernation.eu/investments/spreeside-residenz#beschreibung, abgerufen am 19.06.17

Funding Circle (2017): Rendite&Risiko, online unter: https://www.fundingcircle.com/de/rendite-risiko, abgerufen am 19.06.17

Geiger, F. (2016): Singapore Startup WB21 to Leave London for Berlin After Brexit, online unter: https://www.wsj.com/articles/singapore-startup-wb21-to-leave-london-for-berlin-after-brexit-1475251242, abgerufen am 13.06.17

Gründerszene (2015): Kickstarter kommt nach Deutschland, online unter: https://www.gruenderszene.de/allgemein/kickstarter-deutschland, abgerufen am 15.08.17

Haddad, C. & Hornuf, L. (2016): The Emergence of the Global Fintech Market: Economic and Technological Determinants, 2016

Harzer, A. (2013): Erfolgsfaktoren im Crowdfunding, Ilmenau, 2013

HDE Zahlenspiegel (2016): HDE Zahlenspiegel 2016, Berlin, 2016

Hellenkamp, D. (2015): Bankwirtschaft, Bankensystem im Überblick, Wiesbaden, 2015

Helmig, B. (2016): Gabler Wirtschaftslexikon, Stichwort: Non-Profitorganisation (NPO), online unter: http://wirtschaftslexikon.gabler.de/Archiv/4696/nonprofit-organisation-npo-v12.html, abgerufen am 21.08.17

Hochgatterer, R., Sacher, M., Wallner, J. (2004): Finanzierung über Unternehmensanleihen, in: Die neue Unternehmensfinanzierung – Strategische Finanzierung mit Bank- und Kapitalmarktorientierten Instrumenten, Stadler, W., S. 169-184, Wien, 2004

Hornuf, L. & Schmitt, M. (2016): Success and Failure in Equity Crowdfunding, CESifo DICE Report 14 (2), Seite 16-22, Trier, 2016

Hose, C., Lübke, C., Nolte, T., Obermeier, T. (2012): Rating und Risikomanagement Chancen und Risiken der Architektur des Ratingprozesses für die Validität der Ratingergebnisse, Essen, 2012

IHK Nürnberg (2014): Crowdfunding für den Mittelstand, online unter: https://www.ihk-nuernberg.de/de/IHK-Magazin-WiM/WiM-Archiv/WIM-Daten/2014-04/Special/Finanzierung-Versicherung/finanzierung-im-schwarm, abgerufen am 08.08.17

IMF (2015): World Economic Outlook – Adjusting to Lower Commodity Prices, Washington D.C.: International Monetary Fund

Ingber, L. & Jürgensen, N. (2014): Nutzen statt besitzen, Neue Züricher Zeitung, 05.09., S. 11

Kaenel, H. (2007): Münze und Geld in der antiken Welt, Frankfurt, 2007

Kaufmann, B. (2016): online unter: http://www.n-tv.de/ratgeber/Wann-schlaegt-der-Fondsmanager-den-Index-article16965221.html, abgerufen am 15.06.17

KfW Bankengruppe (2017): Unternehmensbefragung zur Entwicklung der Finanzierungsbedingungen, Frankfurt am Main, 2017

Kickstarter (2011): The WINGStand – Make your tablet a computer, online unter: https://www.kickstarter.com/projects/445602678/the-wingstand-make-your-tablet-or-smartphone-a-com?ref=nav_search, abgerufen am 14.08.17

Kickstarter (2016a): Erfolgreich finanzierte Projekte, online unter: https://www.kickstarter.com/help/stats?ref=footer, abgerufen am 15.06.17

Kickstarter (2016b): Kickstarter in Zahlen, online unter: https://www.kickstarter.com/help/stats?ref=about_subnav, abgerufen am 08.08.17

Kipp, V. (2014): Aktuelle Entwicklungen in der Finanzierung mittelständischer Unternehmen, Essen, 2014

Klein, M. (2014): Springer Gabler Verlag, Gabler Wirtschaftslexikon, Stichwort: Emerging Markets, online unter: http://wirtschaftslexikon.gabler.de/Archiv/139365/emerging-markets-v5.html, abgerufen am 05.07.17

Klöhn, L. et al. (2016): Crowdinvesting-Verträge – Inhalt, Entwicklung und praktische Bedeutung, Zeitschrift für Bankrecht und Bankwirtschaft, 2016

Konrad-Adenauer-Stiftung (2017): Warum sind Banken so wichtig für die Wirtschaft?, online unter: http://www.kas.de/wf/de/71.7113/, abgerufen am 07.08.17

Kortleben, H. (2016): Crowdinvesting und Qualitätssignale, 1. Auflage, 2016

Kuhlke, E. (2010): Wirtschaftsgeographie Deutschlands, 2. Auflage, Berlin: Spektrum, 2010

Kreuzmair, B. & Kratzer, J. (2013): Leasing in Theorie und Praxis, Wiesbaden, 1997

Lang, C. (2016): InsurTech, online unter: http://www.digitalwiki.de/insurtech/, abgerufen am 15.08.17

Lektorat-online.at (2017): Viral gehen, online unter: http://lektorat-online.at/wordpress/viral-gehen-geht-nicht-floeten/, abgerufen am 14.08.17

Lending Club (2017): Reported Loan Purpose, online unter: https://www.lendingclub.com/info/statistics.action, abgerufen am 19.06.17

Lies, J. (2001): Public Relations, Stuttgart, 2008

Lingenfelter, S. (1975): Yap: Political Leadership and Culture Change in an Island Society, The University Press of Hawaii, Honolulu, 1975

Löhr, A. (2006): Börsengang – Kapitalmarktchancen prüfen und umsetzen, Suttgart, 2006

Lößl, F. et al. (2014): Personal Financial Management – Status quo und Kundenerwartungen, Regensburg: ibi Research, 2014

MAS (2016): MAS Issues „Regulatory Sandbox" Guidelines for FinTech Experiments, online unter: http://www.mas.gov.sg/News-and-Publications/Media-Releases/2016/MAS-Issues-Regulatory-Sandbox-Guidelines-for-FinTech-Experiments.aspx, abgerufen am 13.06.17

Merritt, C. (2010): Mobile Money Transfer Services: The Next Phase in the Evolution in Person-to-Person Payments, Retail Payments Risk Forum White Paper, Federal Reserve Bank of Atlanta, 2010

Michler, A. et al., Springer Gabler Verlag (Herausgeber), Gabler Wirtschaftslexikon: Stichwort: Geld, online unter: http://wirtschaftslexikon.gabler.de/Archiv/1597/geld-v9.html, abgerufen am 09.06.17

Monaco Funding (2014): Über Monaco Funding, online unter: http://sportlerfoerderung.de/about/, abgerufen am 15.08.17

Munsch, M. & Weiß, B. (2001): Rating: Finanzdienstleistung und Entscheidungshilfe, 2001

North, M. (1994): Das Geld und seine Geschichte, München, 1994

o.V. (2009): Die älteste Bank der Welt, online unter: http://www.mmnews.de/index.php/etc/4424-die-aelteste-bank-der-welt, abgerufen am 15.08.17

o.V. (2015a): Chengdu – An Ancient City with Flourishing Indutry and Commerce, 2015

o.V. (2015b): Europas Bankkonzerne auf Schrumpfkur, Frankfurter Allgemeine Zeitung, online unter: https://fazarchiv.faz.net/fazSearch/index/searchForm?q=Europas+Bankkonzerne+auf+Schrumpfkur&search_in=&timePeriod=timeFilter&timeFilter=&DT_from=&DT_to=&KO%2CSO=&crxdefs=&NN=&CO%2C1E=&CN=&BC=&submitSearch=Suchen&maxHits=&sorting=&toggleFilter=&dosearch=new#hitlist, abgerufen am 05.07.17

o.V. (2016): Wirtschaftslexikon24, Stichwort: Arbeitsteilung, online unter: http://www.wirtschaftslexikon24.com/d/arbeitsteilung/arbeitsteilung.htm, abgerufen am 07.08.17

O'Keefe, D. et al. (2016): Robo Advising – Catching Up and Getting Ahead, Delaware: KPMG, 2016

Osman, Y. (2013): Fitschens Klartext, online unter: http://www.handelsblatt.com/finanzen/banken-versicherungen/euro-finance-week-fitschens-klartext/9093168.html, in: Handelsblatt vom 18.11.2013, abgerufen am 24.07.17

Pan, W. et al. (2012): Decoding Social Influence and the Wisdom oft he Crowd in Financial Trading Network, 2012

PayPal, online unter: https://www.paypal.com, abgerufen am 13.06.17

Pickens, M. et al. (2009): Scenarios for Branchless Banking in 2020, Washington D.C.: Department for International Development (DFID)

PSD II (2015): Payment services (PSD 2) – Directive (EU) 2015/2366, online unter: https://ec.europa.eu/info/law/payment-services-psd-2-directive-eu-2015-2366_en, abgerufen am 13.06.17, Brüssel: Europäische Kommission

Pukropski, U. et al. (2013): Auswirkungen regulatorischer Anforderungen, Frankfurt am Main: KPMG, 2013

Quirion (2017): Gebühren, online unter: https://www.quirion.de/service-beratung/unsere-preise/, abgerufen am 15.06.17

Reuttner, I. et al. (2012): The Financial Development Report 2012, New York: World Economic Forum, 2012 Riese, C. (2006): Industrialisierung von Banken: Grundlagen, Ausprägungen, Wirkungen, Wiesbaden, 2006

Scalable Capital (2017): Was ist ein Robo Advisor?, online unter: https://de.scalable.capital/robo-advisor, abgerufen am 15.08.17

Schindele, A. & Szczesny, A. (2015): The impact of Basel II on debt costs of German SMEs, 2015

Schwaller, P. & Patusi, B. (2014): Bankenbarometer 2014 – Die konjunkturelle Entwicklung der Banken in der Schweiz, Basel: Schweizerische Bankiervereinigung, 2014

Schröder, M. et al. (2008): Bilanzielle und steuerliche Behandlung von hybriden Finanzinstrumenten: Eine Übersicht, Mannheim, 2008

Schwartz, M. & Zimmermann, V. (2012): Unternehmensbefragung 2912 – Unternehmensfinanzierung trotz Eurokrise stabil, KfW Bankengruppe, 2012

Seedmatch (2017a): Seedmatch – Unsere Mission, online unter: https://www.seedmatch.de/ueber-uns, abgerufen am 19.06.17

Seedmatch (2017b): Crowdfunding für Startups, online unter: https://www.seedmatch.de/system/files/fuer-gruender/ebooks-fuer-startups.pdf, abgerufen am 09.08.17

Seedmatch (2014): Protonet 2, online unter: https://www.seedmatch.de/startups/protonet-2, abgerufen am 19.06.17

Seo, D. & Rietsema, A. (2010): A Way to Become Enterprise 2.0: Beyond Web 2.0 Tools, St. Louis: Proceedings of the 31st International Conference in Information Systems (ICIS), 2010

Spath, D. et al. (2012): Bank & Zukunft 2011, Stuttgart: Fraunhofer IAO, 2011

Startnext (2016): Nr. 1 Kategorie: Musik, online unter: https://www.startnext.com/ueber/statistiken.html, abgerufen am 15.06.17

Startnext (2017): Gebühren, online unter: https://www.startnext.com/hilfe/gebuehren.html, abgerufen am 12.06.17

Strauss, C. & Brüggemeier, C. (2013): Digitales Morgen: Debatte zur Digitalisierung – Wie mobiles Internet die Welt verändert, in: Süddeutsche Zeitung, online unter: http://www.sueddeutsche.de/digital/ausgehen-film-ausgehen-film-1.1813460, abgerufen am 19.08.17

Tiberius, V. (2016): FinTechs – Disruptive Geschäftsmodelle im Finanzsektor, 1. Auflage, Wiesbaden, 2016

Vexcash (2017a): Vexcash – Eine kurze Zusammenfassung, online unter: https://www.vexcash.com/info/ueber-uns, abgerufen am 19.06.17

Vexcash (2017b): Kurzzeitkredite, online unter: https://www.vexcash.com/blog/kurzzeitkredit/, abgerufen am 17.08.17

Wikifolio (2017): Wikifolio Anlageuniversum, online unter: https://www.wikifolio.com/de/de/hilfe/faq/wikifolio-erstellen/werte-anlageuniversum, abgerufen am 15.08.17

Worldpay (2015): Global Payments Report, online unter: http://offers.worldpayglobal.com/rs/850-JOA-856/images/GPR_Worldpay.pdf?mkt_tok=3RkMMJWWfF9wsRojvazKZKX onjHpfsX67eUkW6%2BzlMI%2F0ER3fOvrPUfGjI4ERMNjI%2BSLDwEYGJl v6SgFQrXFMapv27gFXhc%3Dtok=3RkMMJWWfF9wsRojvazKZKXonjHpfs X67eUkW6%2BzlMI%2F0ER3fOvrPUfGjI4ERMNjI%2BSLDwEYGJlv6SgFQ rXFMapv27gFXhc%3D, abgerufen am 13.06.17, London: Worldpay

Zillmann, M. & Ströbele, E. (2012): Zukunft der Banken 2020 – Trends, Technologien, Geschäftsmodelle, Kaufbeuren, 2012